# 「何を残すか」で決まる おひとりさまの片づけ

捨てることより大切な、人生後半の整理法

Katsumi Hirosawa
広沢かつみ

青春出版社

# はじめに

自分の人生の後半をどう過ごしたいか、考えていますか？

ひとりで過ごすことを考えたら不安で、という人もいるでしょう。

時代が変われば、生き方や暮らし方も変わり、経済事情も変化します。

明治・大正生まれであった祖父母の老後は、年金が豊かで、日本の経済も豊かで老後の暮らしに対して心配が見受けられず、自分も老後はこんな風にのんびりと暮らすのだろうな、と思っていました。

しかし、時代は変わり、単身世帯は増え、年金も微妙な金額だし、経済は底冷えで、「老後＝暗い」というイメージになりつつあります。

でも――

果たしてそうなのでしょうか？

ひと昔前のシニアは、おじいちゃん、おばあちゃんというイメージがありましたが、私の終活セミナーに参加されるシニア世代を見ているとなんだかオシャレだし、アクティブな人たちばかりです。

また、「え？　あの芸能人70代なの⁉」とか、「80代でモデル⁉」とか、高齢者のユーチューバーやＳＮＳ発信も増えているし、なんだか楽しそうで活き活きしているシニアの姿をよく目にするようになりました。

個の時代になった現代、もしかしたら、いろんなしがらみが減っていくおひとりさまのセカンドライフこそが、人生でいちばん楽しく、輝く時期なのかもしれません。

楽しむ時間や行動について、経済的に制限や重荷がないように、もう枯れていくだけだなんて思わず、できるだけいつまでも現役で、「人生楽しかったな」と最期に思えるようなセカンドライフに向けて、私は着々と整えています。

まずは、何といってもモノの片づけ。

片づけと言ってもセカンドライフは、新しいスタートでもあるため、何があれば楽しく暮らせるかを考えます。

進学や就職で新生活を始めるのに「何を捨てようか？」「手放そうか？」とは思わないですよね？

それと同じで『何を揃えようか」「何を残そうか」と決めることがセカンドライフの片づけなのです！

残すモノが決まると自ずと不要なモノが明確になります。セカンドライフは、家にいる時間が長くなるから、何もないほどスッキリさせるのではなく、心地よい部屋にしたいのです。

心地よい部屋とは、テーブルの上や床の上などにはモノがなくて、すっきりと家事がしやすい状態になっている。それから、花や好きな雑貨を飾ったりして部屋に潤いがある。そんな部屋が私にとって居心地のよい場所なのです。

多忙な時期を過ぎたからこそ、徹底的にモノをなくして、家具もなくしてという極端な片づけはしなくていいということです。

75歳以上の独居率は、16年後の2040年には約23％と予想されています（国立社会保障・人口問題研究所サイトより）。

国民の約1／4がおひとりさまの高齢者。電車に乗っていても同じ車両におひとりさまが何人もいる。カフェに行っても、スーパーに行っても何人もいる。病院に行けばもっといる（笑）。

若者が自立してひとり暮らしをするより、ひとり暮らしの高齢者が多くなる時代がやってくるのです。

ちょっと前なら「ひとり暮らしのお年寄り＝身寄りがない、可哀そう」というようなイメージがありました。

しかし、これからは違います！　人生100年時代と言われる現在、人生の折り返しを過ぎ、または、まもなく折り返しを迎えるこの時に、残りの数十年をいかに楽しく生きるかを決めることが人生の分かれ道になるのです。

私が今の仕事を始めた頃は、40代に入ったばかり。住宅雑誌の編集長を経て、取材訪問先の90％が悩む、収納や片づけなどを指導し始めました。依頼主も子育て中の主婦の方が多く、NHKの「あさイチ」をはじめメディアに出演時も子育てをするお宅の片づけ特集がほとんど。

この仕事をする前に祖母や父が亡くなったことで、葬儀後のさまざまな後始末の大変さは知っていましたが、当時は自分の老後のことや、もし急逝したら……なんてことはちっとも考えていませんでした。

しかし、50代後半になり、周囲の話題は「お墓」や「体の不調」「薬」「老後」など。また友人の10人中8人は、独身・離別・死別・シングルマザー・夫婦だけ&離婚希望者など。気が付けば、私を含め「おひとりさま」は身近にたくさんいるのです。そして、大半が「モノに埋もれて逝きそう（笑）」と言います。

なぜに皆、そんなにモノに埋もれているのか。元気な年代でもモノが多いと維持管理や労力、支出が多くなるのに、年をとったら非常にマズイのでは？　と。

そこで、セカンドライフ前に面倒くさいことを片づけるべきなのです。

私の周囲にいる人生の先輩方は口々にこう言います。

「女は60歳を過ぎてからが楽しいのよ」と。

80代、90代の先輩方に言われたら、そうなんだ！　と思うしかないですよね。

なぜ、「60歳を過ぎてから」かというと、まず更年期が終わることで体調もメンタルもすこぶるよくなる。

次に子育てや仕事の大きな山場を越え、自分のための時間が増える。

そして、人生の残り時間が少なくなってくると小さなことはどうでもよくなってきて、羽がはえたように気持ちも軽くなるのだそうです。


そんなセカンドライフのために、環境と時間を整える。さまざまなことを「片づけておく」ことが最優先になります。

コトや人間関係や身体、お金、メンタル。これらに関して不要なものを片づけ、整えておくべきなのです。


それは、人生の残りの山を登るための「準備」とも言えます。

準備は、早ければ早いほうがいい。その分、自由な時間や楽しい時が増えるからです。

そして、その準備が終わったら、残した好きなモノ、大切なモノをどこに飾ろうか、しまおうか、とインテリアとあわせて考えていきましょう。

自分の人生を振り返ると、常に忙しく働いたり、家庭のことに追われたり、誰かのために動いたり……そんな時間ばかりではなかったでしょうか。もちろん、現在もそんな時間が多い人がほとんどだと思います。

しかし、この先自分の時間が増え、やりたいことができるような機会が増えるのだと想像したら、ワクワクしてきませんか？

片づいた住まいに自分が集めた好きなモノがある、片づいたから素敵なインテリアにして暮らす。それもワクワクしませんか？

「時間がないから」「家族に迷惑をかけるから」「仕事が入っているから」「お金がないから」などなど、そんな理由をつけてできなかった、やれなかったことを

1つでも叶えてみる。


すべては、今日からの自分次第です。

「老後は楽しい」「人生で今がいちばん充実している」

そう言える未来に向けて実行してほしいことを書きました。

モノに埋もれたまま生きるか
自由な時間を手にするか

# 目次

第3章

今から始める片づけ …… 85

第4章

# 具体的に残すモノを決める

## 第6章 楽しいおひとりさまライフにするために

本文イラスト ― ハルペイ
本文デザイン ― 浦郷和美
DTP ―――― 森の印刷屋
企画協力 ――― 糸井浩

# 第1章

# 老後に残したいモノを選ぶ

# 使わないけど捨てたくないモノ

## 捨てたくないモノには２種類ある

日頃使っていないモノは、基本いらないモノともいえます。

しかし、わかってはいても捨てたくないと思う人がほとんど。最終的な目標がほぼ何もないミニマリスト的な住まいにしたいという場合をのぞいて、使っていなくてもとっておいてもいいモノもあります。

使うわけではないし、日常生活に活用する道具でもない。でも、あるだけで暮らしに潤いがある、心がほっとする、そんなメンタルの栄養になるようなモノはとっておくといいでしょう。

老後は家にいる時間が長いのに、何もない住まいで1日過ごすのも味気ないですよね。自分のお気に入りのインテリアに、お気に入りのモノに囲まれている暮らしがその人にとっていちばんの理想の住まいです。

逆にとっておいてよくないモノとは、「もったいない」とか「いつか、何かに使えるかも」とか思っているだけで使っていない『想い』のないモノ。これは、ただの「損得勘定（感情）」なので手放してください。

この2種類を混濁してしまうと結局モノあふれの住まいになりますから、注意してください。

## 混濁の見分け方

では、どうやって見分けたらいいのか。

人は、手放したくない、もったいないという一心で、損得勘定なのに、お気に入りと思おうとしてしまいます。心理学でいうところの損失回避というものです。損をしたくない＝手放すともったいない。だから、お気に入りと思えばとっておけると考えるのです。

そこで、お気に入りのインテリアにお気に入りのモノを残す場合、きちんと置き場を作り、丁寧に収納をして、お手入れできるか否かを残す・残さないの判断基準とします。

残してもその辺に置きっぱなしにしてほこりまみれになる、しまいこんで忘れる、そういったモノは、手放す対象としてください。

# 趣味のモノは、過去か現在かで決める

## 現在の趣味であるモノだけを残す

趣味のモノは大切なモノのひとつです。

なぜなら趣味は、楽しいことだし、充実した時間を過ごさせてくれることだからです。特にセカンドライフは、趣味があったほうが充実すること間違いなしです。

それは、カルチャースクールに行くとか、習い事に行くとかではなくてもいいのです。自宅で読書や映画鑑賞、編み物など自分が楽しい、これをしていると時間が経つのを早く感じるというものは趣味であります。

おひとりさまは、時間を有意義に使う何かを見つけると、とても楽しい暮らしになるでしょう。

## 絵を描くために道具をたくさん持っていた女性

以前、絵を描くことが好きな60代の女性がいました。とにかく退職後は、毎日絵を好きなだけ描けるのが楽しいと語っていました。1部屋をアトリエとしてリフォーム。大掛かりなリフォームではないのですが、大きなキャンバスを出し入れできるよう引き戸に替えました。

好きなだけ絵を描いて、眠くなったら寝る。起きたらまた絵を描く。そんな毎日だと言います。ずっと女手一つでお子さんを育ててきて、やっと自分の時間ができたから今がいちばん楽しいし、幸せだと話していたことが印象に残っています。すごく活き活きとして、とても60代後半には見えなかったからです。

絵を描くため、絵具やキャンバス、道具などたくさんモノはありましたが、本人がこんなに幸せそうにしているので大正解です。

## 過去の趣味が再燃する可能性は、ほぼゼロ

逆に、若い頃、手芸にはまっていたという60代の女性。20代の新婚時代にレース編みやリリアンに凝っていたと言います。そして、その道具を、40年を経てもなお、段ボール4箱分も持っていました。その女性は「これはいつか趣味が再燃するかもしれないから捨てないの」と。

しかし、40年の歳月を経て、段ボールを開けると白いレース用の糸はすべて黄ばんでしまい、ほこりも入り、なんとなくカビくさくなっていました。仮にきれいな状態で残っていたとしても、老眼になって細かい作業の趣味が再燃する確率はとても低いといえます。

同じように80代のある女性は裁縫が趣味で、長い間布をずっと持っていました。若い頃、フランスへ何度も買いに行ったことが楽しい思い出らしく、その布は絶対に手放さないと言っていました。

もちろん想い出のモノだから処分するのは寂しいですが、ロールで大量にあり、そして、昔の布だから重いのです。場所をとるし、ロールを棚からおろすこともすでにできない腕力になっています。

もし、地震がきて、その重く長い布が落ちてきたら危険です。だから、別に暮らしている息子さんが何としてでも整理させたい、と連絡をしてきました。

結局、お気に入りの柄を数本残して、あとは処分となりました。布は、半世紀以上むき出しだったため、ほこりも湿気も臭いも全て吸い込んで状態はよろしくなく、残念ですが、使い物にならないのです。

# 素敵な想い出のモノにはルールを作る

## 想い出をどのような形で残すのか

捨てられないモノ「トップ10」に必ず入る「想い出のモノ」。
想い出のモノは、捨てられないモノのトップ10に入ってはいるものの、全く持っていない人の割合も意外と高いのです。

自分にとって「想い出」とは、どういう形で持つものでしょうか。

・モノという形で残したい
・写真という形で残したい
・心の中に残したい

というパターンがあります。

「モノ」という形で残したい人が、モノあふれになる確率はいちばん高いです。
この場合は、**自分の中でどこまで持っていいかというルールを必ず決めること。**
どういうことかというと、**「量または数」に制限を持つ**ことです。
箱1つ分とか、押入れの天袋に収まる分とか。

そして、必ず守ること。もう1箱くらい、もう1段分くらい、とゆるく認めてしまうと、それは、どんどん増えてしまうからです。「だって想い出が増えていくから！」と思うかもしれませんが、そんなことを言っていたら、家中が想い出のモノだらけで、生活用品が埋もれていきます。

想い出にも必ず優先順位があるはずです。自分の中で優先順位が高い、もしくはこれだけは譲れないというモノから残し、はみ出たモノは手放すように。
老後は想い出に浸る時間がないくらい充実した日々を過ごすつもりで、今からルールを決めていきましょう。

## 写真は飾る分を残す

昭和世代は、人生の前半の写真をアルバムに貼っているパターンが多いのではないでしょうか。そして、そのアルバムにある写真が捨てられないという人も多いのです。

たくさんあればアルバム自体が重いし、場所をとります。そこで、写真の整理もしなくてはなりません。さらに親のアルバムを残している人もいるでしょう。それも一緒にやります。

昔の**台紙に貼るタイプのアルバムは手放します**。自分の幼少期や両親、祖父母の若かりし頃の写真があると思います。その中で**特にお気に入りの何枚かを選んで剥《は》がし、フォトスタンドや額に入れて飾るのがおすすめ**です。

あとは、自分の青春時代や若い頃の写真は、自分が素敵なショットを数枚、好きな友人や同僚と一緒の写真も残します。風景などの写真がある場合は、やはりお気に入りのものは飾るべき。それ以外はデジカメやスマホで撮ってデータで残しておくほうが片づきます。

最近の写真は、データが主流になってきていると思いますので、適宜スマホやカメラのデータを整理していきましょう。

写真を飾る時は、やはりインテリアを意識して。インテリア雑誌や海外のインテリアをネットで検索すると、壁にたくさんの写真を素敵に飾っているものが多々あります。

そういったものを参考に**枚数を同じにして、同じように飾るとインテリア的に失敗がありません**。たまに開いてみるアルバムより、好きな家族や友人、素敵な自分、懐かしい風景をいつも見られる方が自分の人生をもっと好きになれます。廊下など住まいのどこかで自分写真展をしてもよいですね。

# 退屈しないように残す

## 何もないと片づいているは違う

セカンドライフは、平均寿命からいっても20年以上はあります。その時間を全く何もないようなシンプルすぎる部屋で過ごすのは、ちょっと退屈だと思いませんか？

想像してみてください。遊び心も趣味のモノもインテリアも何もない味気のない、スッキリしすぎた住まい。その状態で20年以上過ごす日々……。

私なら絶対に買い足ししてしまいます。

前述したように趣味とか想い出のモノを適宜残すのは暮らしに潤いがあります。

何もなければ暮らしは乾いた感じです。

モノがほとんどないというのではなく、片づいているのではなく、モノがないだけ。

片づいた暮らしというのは、生活必需品と好きなモノがそこそこあり、それらがきちんと収まるべき場所に収まり、その辺に出ていない状態のことです。

持ちすぎることが問題なのであって、必要以下にまで減らすことはしなくてもいいのです。

## 道具は、ある程度あったほうがいい

仮にセカンドライフに入り、朝から晩まで特にすることがないとしたら、やっぱり本を読むとかお菓子作りをするとか、運動をするとか……何かしらしようと思いますよね。

それには道具などモノがある程度必要になってきます。片づけを始めるにあたり、とにかく捨てまくるというのも考えもの。どんな暮らしがしたいのか、どんな住まいにしたいのかを決めておくことが必須となります。

もちろん一度ガラガラになるくらいスッキリさせてから、お気に入りのモノを買い足していくというのもアリです。

# 残すモノに優先順位をつけるように残りの人生にも優先順位を

## 時間だけでなく、体力にもタイムリミットがある

モノの整理には、要るモノ・要らないモノ・残しておくモノ・残さないモノなどの優先順位があります。それと同じくして、**人生の残り時間にも何をして、何を後回しにするのか優先順位が必要**です。

年をとるごとに1年間が早く感じ、年末が近づくと「今年もあっという間だったな」と毎年思っていませんか？

つい最近と思っていたことが実は、10年以上前の出来事だったとか。

そんな感じで人生のタイムリミットが迫ってくる中、さらに体力が落ちてきているため、やらねばならないことの優先順位を決めなければなりません。

働きっぱなしだった、子育てで追われていた、介護中だった、など人それぞれ全速力で駆け抜けてきたのではないでしょうか。そろそろスピードをゆるめて、人生の景色を眺める時間を設けてもいいですね。

これからは自分の優先順位を上げて、やりたいことをやっていきましょう。

## 余計なモノの整理から始める

とにかく自分の中で興味がない、大事でもない、いつでも手に入るようなモノから手放して、少しでも減らしていきましょう。探し物や家事にかける時間と労力を減らすためです。そして、頭の中を少しでもスッキリさせるためです。住まいにモノが多いと頭の中はごちゃごちゃとし、疲れやすくもなります。

「何かに使えるかも」というモノを優先させるよりも、手放して人生後悔しないように、やりたいコトに時間をとれるように家の中を思いっきり！　スッキリさせていきましょう！

# 住まいはシンプルに、でも花や好きなモノは飾る

## 安心安全のために片づける

モノが多ければ維持管理が大変ですし、多すぎると災害時や深夜のトイレ移動などに危険があります。

たとえば、夜中に寝室からトイレに行く際にモノが床にあって転倒した。トイレ前にモノを積んでいて、何かの拍子に倒れてドアが開かなくなった。など自宅内での事故は意外に多いもの。高齢になっての骨折は、その後の暮らしに大きな影響を与えます。車いす生活になったり、ひとりでは暮らしていけない状況になったり、と。

**まずは、床にモノを置かない**ように減らしていくことが第一目標となります。

それからテーブルの上、カウンターの上、棚の上など基本、モノを置く場所ではないところのモノもなくしていきます（片づけ方、減らし方の詳細は第4章にて）。

## 生活用品は少ないほど暮らしは快適になる

食器が少なければ、洗い物がたまることもないのでシンク内が食器であふれることがない。

衣服が少なければ、洗濯物をためることもないし、あちこちに衣類が山積みになることもない。

モノを買わなければ、ゴミも少ない。高齢になってくるとゴミを出すのも億劫《おっくう》になり、出すのを先送りして、たまり、結果ゴミがあふれてくるのです。

全体量としてモノは、収納スペースにおさまる量なら持っていて大丈夫です。**収納スペース以外（テーブルの上、棚の上、ソファの上、カウンターの上、床など）にモノを置かないようにすること**。そこがあふれてきたら持ちすぎです。

生活用品は表に出さない。そして、テーブルの上、棚の上、カウンターの上などには花やグリーン、絵画、好きな雑貨が置いてあると気分は上がるし、心地がいいです。

せっかくのおひとりさま暮らし。自分の好きなものに囲まれ、家にいる時間が大好きになるようなインテリア仕様にしてみましょう。

インテリアの見本は、雑誌をはじめ、今ならネットを検索すると、古民家風、カフェ風、男前ＤＩＹ風、北欧風……と事例が多々あります。**自分がイメージする住まいの雰囲気を具体的に決める**ことも、片づけ成功のポイントです。

パリの暮らし的な特集の雑誌や動画を観ると、マントルという暖炉を囲む台のようなものの上や棚の上に草花が活けられた花瓶がたくさん置かれていることがあります。花瓶や絵画がたくさんあっても、生活用品がひとつも出ていないのでオシャレな住まいに感じるのです。

# ほどよい距離の友人を残す

## 人間は近すぎると鼻に付く

人間関係も整理しておくべきものの1つです。

仕事を退職し、セカンドライフに入れば、煩《わずら》わしい人間関係は減ります。しかし、プライベートまたは公共のお付き合いは残りますね。

友人関係ならはじめは断りづらいかもしれませんが、気が乗らない誘いは断る。連続して断れば、向こうも誘う回数を減らします。

また、逆に仲が良くてもお互い時間ができれば多々会うようになり、それが以前とは違ってなんだか時々カチンとくる、とか、うっとうしいと思うことも出てくると思います。大事な友人であれば、適度な距離をもってお付き合いするほうが長続きしますね。

このほか、どうしても付き合わなければいけないご近所さんが煩わしいのであれば、引越すのが最短の解決方法ですが、引越すわけにもいかない場合は、可能な限り会わないよう頑張ってみること。会いそうな時間帯を外す、声をかけられたら急いでいるフリをする、具合が悪いフリをするなど。挨拶する程度の関係になるよう考えてみましょう。

## 会いたい人、会いたくない人

終活セミナーというのを過去に何度もしているのですが、ある時、終わった後の雑談の中で70代の女性から、「自分の葬式に絶対来てほしくない人がいる」という話が出ました。

「それは、エンディングノート的なものに書き記しておいたほうがいいですよ」と伝えておきましたが、人生長いといろいろあるものです。

最後にはスッキリさせて逝きたいもの。今のうちに会っておきたい人、もう会わなくてもいいと思う人、そのあたりの整理もしていきましょう。

ストレスになりそうな人間関係は、ガマンして全部継続するよりも断る・欠席するなどをして、数回に1回だけガマンすることにしてみましょう。

人間関係の整理は、一緒にいて楽しいとかほっとするとか、とにかくストレスを感じない関係を残すように。

孤独に弱い人は、ストレスを感じても人と一緒にいたいと思ってしまうので、孤独に慣れる、趣味を見つけるようにしてみてはいかがでしょうか。

# 第2章

# どんな老後を過ごしたいですか

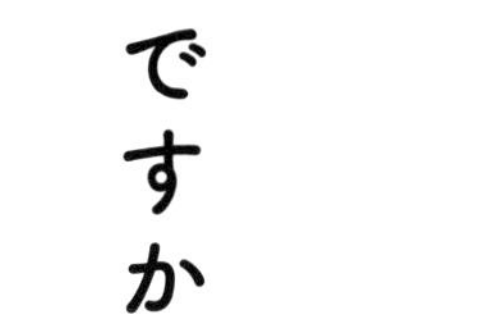

# 理想の住まいを描く

## 片づけをスムーズに進めるために必要なのはイメージ

片づけがスムーズに進む人と、なんだかいつまで経っても片づいた感がない人の差は、部屋をこうしたいという具体的なイメージがあるかどうかです。

ゴールが明確であれば、行動も明確になりますが、ただ片づけたいという漠然とした方向性だけだと行動もあやふやになってしまいます。

未来は今の延長ですから、老後に入る前に理想の住まいを描き、そのゴールに向けて一歩一歩片づけを進めていきましょう。

では、なぜ「理想」の住まい像があったほうがいいかというと、**どれだけモノ**

**を持てばいいのかが見えるから**です。

たとえば、ダイエットで単に「痩せたい」と思った人と「半年後までにウエストを○センチ減らして、このスカートを履く」と決めた人では、行動計画が変わってきます。

「痩せたい」と思っただけの人は、まず期限がないから「明日から」「明日こそは」と先延ばしになり、さらに具体的にどれくらい痩せるという数字がないから何をしたらいいか決められません。

具体的な目標がある人は、半年という期間を逆算して、1か月にどれくらい減らせばいいのか、そのためには何をすればいいのか、という実行計画が立てやすくなり、行動もしやすいため、成果に結びつきやすいです。

片づけをこれに当てはめると、前者のパターンなら「片づけたい」という漠然とした思いなので、「次の休みには」「連休になったら」「年末になったら」という繰り返しになります。

そして、「老後になったら」という大きなくくりになり、結果、老後になっても現状維持または、現状よりもモノが増えているというパターンになりやすいのです。

対して、後者の具体的なパターンでは、「1年後にこの雑誌のページみたいなリビングにしたい」と決めることで、逆算して計画が立てられます。

なので、今月は何をする、来週は何をするという具体的な行動が決められます。

そして、写真と現状を見比べることで、何が多いのか、何が違うのかが可視化できるため、どれだけ進んでいるかということもわかりやすいのです。

## 理想の部屋を決めるには

私が伺ったお宅では「住みたい部屋のイメージがない」「インテリアに疎い（興味がない）」という方が圧倒的に多いのです。

片づけが苦手な人は、インテリアに興味がないということも要因なのかと思っています。

美容室に行って、ヘアスタイルが決まっていない場合は美容師さんが困ります(もちろんおまかせで素敵にしてくれる美容師さんもいますが)。やはり、「こんなヘアスタイルで」というヘアカタログの写真などがあるとお互いのイメージが一致しますよね。そのようにどうすればいいのか、自分がわかるように**部屋のイメージを見られるようにしておく**ことが重要です。

そうはいってもインテリアという興味がないものを無理に考えろというのは難しいもの。しかし、これがないと片づけは遅々として進まないし、片づいたあとの持続性も低くなります。ですから、私が片づけアドバイスに伺った時はヒアリングで導き出すか、宿題でインテリアを考えてもらうかしています。

しばらくの間(これもいつまでにするという締切を決めて)、**インテリア雑誌や新築のチラシ、モデルハウス、カフェ、ホテル等々いろいろ見るように意識をしてください。**もちろん、今の時代は動画でもいろんなお部屋が紹介されていますよね。

たくさん見た中で「これ好きかも」「こんな部屋いいな」というものをピックアップしましょう。

## 理想の部屋との違いを考える

ピックアップしたものが紙モノなら切り抜き、ネットならプリントアウトなどをして、壁かどこかに貼ってください。ノートに貼るのもよいです。あわせて現状の部屋も撮影してプリントし、並べてみるのがいちばんよいでしょう。

なぜなら、肉眼で見るよりも撮影したほうがモノの多さが目につくからです。カフェやレストランで料理やスイーツをスマホで撮影しようとした時に、肉眼より画面越しに見たほうがテーブルの上にある紙ナプキンとかおしぼりが邪魔に感じた経験はないですか？　それと同じで、撮影したほうが部屋の汚さや、散らかった部分が目に入りやすいのです。

そして理想の部屋と自分の部屋を見比べて何が違うのかを紙に書き出します（家具が違うなどではなく、配置とモノの量を見比べること）。その書き出したことが実践する内容になります。

たとえば――

・理想の部屋は、床にモノが置きっぱなしになっていない↓床のモノを整理する
・理想の部屋は、テーブルの上や棚の上にモノが載っていない↓整理する
・自分の部屋に目に見えるモノが理想の部屋にはない↓しまうか処分する

というように間違い探しのように進めてください。

## 家具の配置を考える

以前、NHKの「あさイチ」で片づけのビフォア&アフターを視聴者さんのご自宅でさせていただきました。その際にモノの整理と家具の配置を変えることで大きく住まいが変化し、片づけは大成功。

実は、散らかりやすい配置、モノを置きやすい配置、ストレスがたまる配置な

どがあり、部屋のレイアウトを理想の住まいに倣《なら》って一度模様替えをしてみることをお勧めします。

特に気をつけたいポイントは、テーブルと壁がくっついている場合。壁側にモノを置きやすいため、どんどんモノが増えがちです。テーブルの1／3～半分はモノで埋まっている家もたくさんあります。

基本、壁と家具はくっつけない。ティッシュ1箱分くらいは空けるようにしましょう。

自分の部屋の写真と
「こんな部屋いいな」の写真を
比べてみよう

# おひとりさまである最大のメリット

## 100％ノンストレス

ひと昔前までは、ひとりで老後を迎えるとなると「寂しくないの？」「何かあったら心配よね」というような声を聞いていたと思います。

しかし、世の中的に生涯未婚率は増え、離別も増え、さらに残念なことに年をとるごとに死別も増えてきます。おひとりさまは、今後も増え続けていくと想定されています。ですが、女性のおひとりさまはとても楽しそう。

以前、観劇に行った際に、出演者のスタンドアップ（ステージ上でマイク1本で身の上話や時事ネタを話したりすること）があり、女優の方がプライベートの話をしてくれました。そこで、離婚調停中というカミングアウトがあったのですが、「離婚をする」という話をしたら既婚者は心配し、離婚者は「いえ〜い！楽しいよ〜！」と全員がそう言うと驚いていました。

それだけ、おひとりさまは楽しいのだと思います。もちろん、夫婦という楽しい時間を持っている方もいますが、ひとりが向いている人は必然的におひとりさまになっていると思うので、ひとりで人生を楽しむべきだと思います。

かくいう私も半おひとりさま。母と2世帯で暮らしているので（子どもは成人）、ややおひとりさまという状態です。

子どもがいるじゃないか、と思う方もいるかもしれませんが、今は子どもに老後の面倒をみてもらう時代でもないので、自分の人生の後始末は自分でしようと思っています。

話は戻りまして、好きな時間に起きて、好きなように朝食を食べて、仕事をして、食べたい夕食をとって、ひとりで美味しいお酒を飲みながら執筆などを夜にしている。そして、眠くなったら寝る。

家庭では100%ノンストレスなのです。

そして、インテリアはもちろん自分の好きなようにできるし、自分以外の人間が散らかしてストレスがたまることもない。逆を言えば、散らかしても誰にも文句を言われない（だから、散らかるのですが）。

こんなに楽しい暮らしをしていて申し訳ない（誰に？）とさえ思うのです。

今まで数多くの家に伺ってきましたが、半分ほどは女性のおひとりさまです。中には「将来が不安」「老後はやっぱり誰かと一緒にいたい」という人もいました。

「それならば本気で婚活をしたほうがいいですよね。そのためには、探している間、並行して部屋の片づけも必須ですよ！」と叱咤します。結婚となれば、相手が見つかり、その人が部屋に訪れる機会が必ずきます。その機会はすぐかもしれない。

将来はおひとりさまよりおふたりさまがいいと思っている場合は、ゆっくりではなく、早々に片づけを実行しましょう。運気もよくなるし、いつお相手が訪れてもいいという心の余裕ができますからね。

## 住まいがモノだらけであるデメリット

老後になると家にいる時間は確実に今より長くなります。出不精の人だったらもしかして、丸1日家にいることが続くかもしれません。

その状況を想像してみてください。モノだらけで床やテーブルの上など至るところにモノがあふれている。キッチンも洗面所も、玄関も。年をとり、片づけがどんどん億劫になってくるから、さらに状況は悪くなる一方。

モノがあふれていれば、掃除や調理といった家事もしづらいし、片づけたくないから汚れていく。火元の周囲に物があれば火災の心配もある。地震がくればモノが崩れて逃げ出すこともできないかもしれない。年をとってからのモノあふれは負のスパイラルでしかありません。

どうでもいいモノであふれているから、家が好きでもなく、居心地もよくないから外に出かける。帰ってきたら疲れるからすぐ寝る。そんな日々になっていると思います。

## ひとりで長く過ごす時間を心地よく

長い時間を費やす住まいは、何もないほど片づいていればいいわけでもなく、自分の好きなモノ、好きなインテリア、好きな色に囲まれているのがいちばん心地よいはず。

散らかっているのと好きなモノ、心地いいモノが多々あるのでは意味合いが違ってきます。好きなモノは残していいのですが、ただ散らかっている住まいは、紙袋とか箱、好きでも嫌いでもない「もったいない」「高かった」「いつか使うかも」というモノであふれているのです。

もちろん、何もない部屋が心地いいと思う人はそれでいいのです。

今の時代だと、インスタグラムやブログなどで個人のインテリアを発信しており、さまざまな住まいを見ることができます。いろいろ見ていると「あ、この家好き」「こんな部屋いいな」と思う写真がきっと出てきます。

その家のモノの量が自分にとっても心地よいはずです。直感って当たっていますからね。

## たとえば本に囲まれて過ごす

本好きなら老後の時間の多くを読書で過ごしたいと望んでいる。それなら、本をたくさん残して、図書室のような部屋を作るのもいいですね。

ただし、本をたくさん残しておくなら、その分、他のモノは多めに手放しておくことです。本は数がまとまるととても重たいですから、床や棚板がたわみます。

昔、取材で本が大好きなご夫婦の住まいに伺いました。

夫婦で2000冊以上の本を持っておられ、2階を本置き場にしていたそうですが、ある日1階の天井がたわんでいることに気づきリフォーム工事をされたそうです。結果、半分に減らし、1階を補強して、1階の壁面ほとんどを書棚にしていました。それだけ、紙というのは数が集まると重量がものすごいことになります。

また、ある大学の教授をされていた70代後半の男性が退職を機に、大学に置いていた書籍と自宅の書籍を収納するために、住宅の床を補強し、図書館のバックヤードにある書庫と同じ仕様のものをいくつも購入していました。

どちらも本を手放したくない。そして、大事な、好きな本だから収納はきちんとしたいという想いが伝わります。散らかりがひどいお宅では、持ち物が「大事だ」「大切だ」と言いながら、その辺に置きっぱなしにしている人がとても多いのです。

それって、大事にはしていないことですよね。自分にとって**大事なモノは、きちんと収納できるように部屋を片づける**べきです。

## 好きな雑貨を飾って暮らす

女性なら雑貨が好きという人は多いと思います。私も大好きで雑貨屋さんに入ったら最後。必ず何かを買ってしまいます。なので、今はできるだけダッシュで店の前を素通りするように頑張っています。

でも、家の中にはやはり雑貨はちょこちょこあります。

「え？ 片づけの先生なのに雑貨があるの？」と思われるかもしれませんが、私はどちらかというとホテルのような生活感のない住まいではなく、ドラマに出てくるような、生活用品は出ていないけれど、観葉植物や雑貨を飾ったり、座らない椅子などを置いたりしているタイプです。モノが何もなく、壁が白いのはどうも箱の中にいるようで好きではないのです。

モデルハウスのような住まいは素敵だな、とは思うけれど、カントリー調のキッチンなどが好きなので、使わないモノは置かない、持たない分、見える収納にしています。もちろん見える収納は、効率がよいということもあります。

# 人生後半の「ロードマップ」を想像しよう！

## 2人に1人はおひとりさまといわれる時代に入る

おひとりさまをいかに楽しく、満足して過ごすかを考え、その準備をするために最初に考えておくことがあります。

それは自分の人生のロードマップを描いて、そこから逆算してやるべきことを体力があるいちばん若い今！から始めます。

まずは、自分の人生のロードマップづくり。

つくり方として、最初に自分の天寿を想定します（いくつまで生きていたいか）。平均寿命でもいいし、長生きしたい人は、100歳でも120歳でもいいです。

## 人生のロードアップの例

こうやって暮らしたいな、ということを
年代にあわせて書いていく

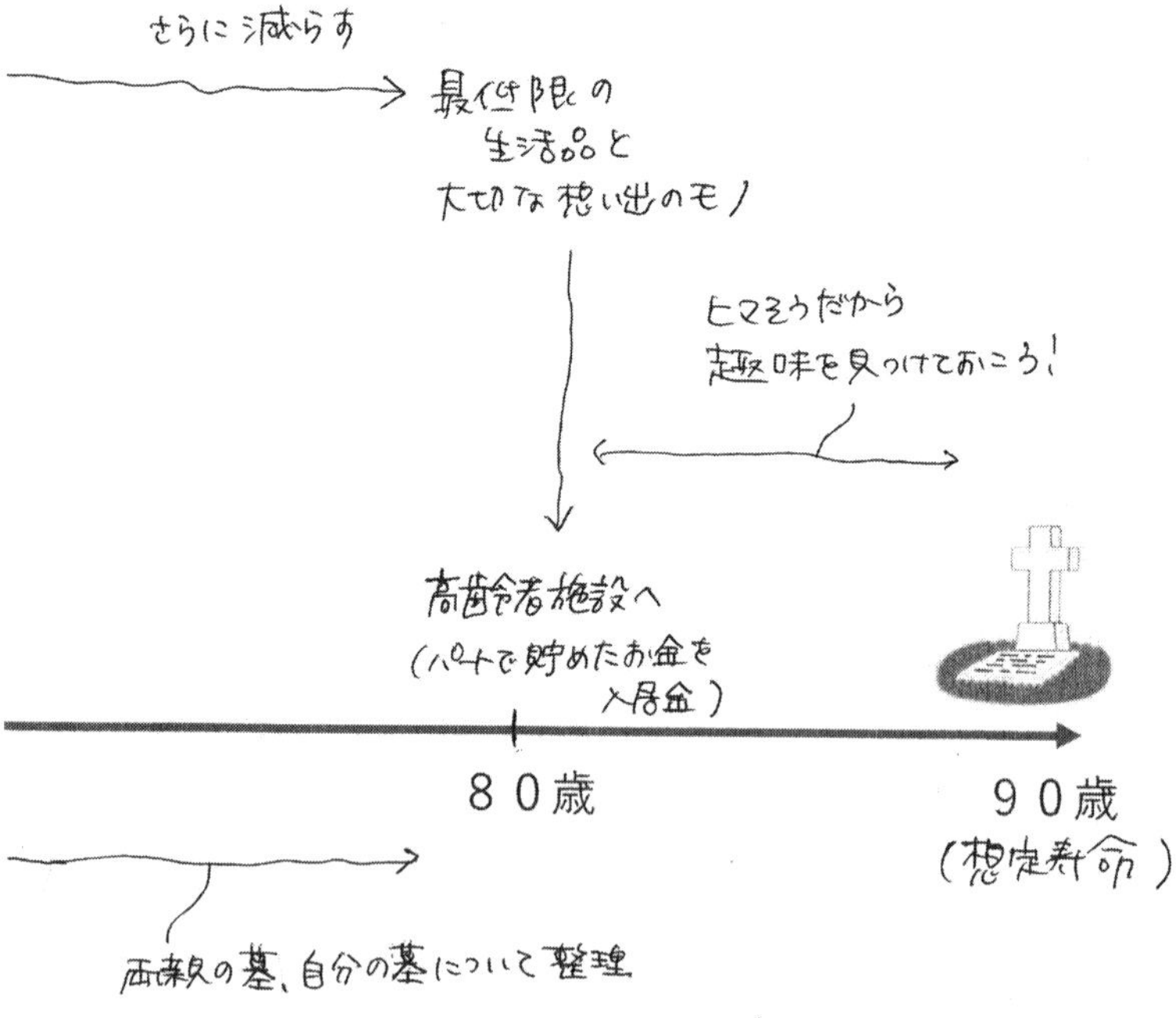

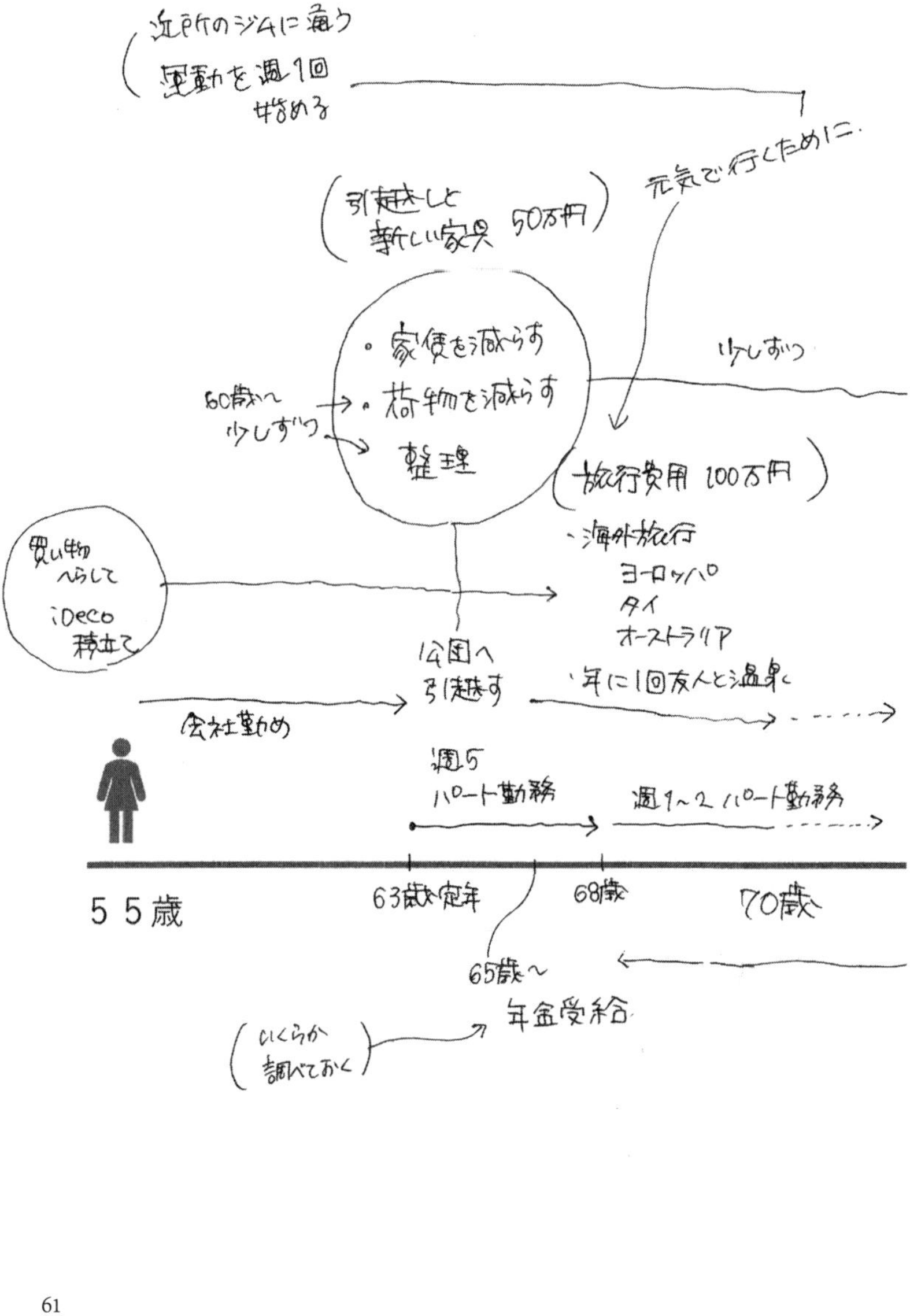

近所のジムに通う
運動を週1回
始める
元気で行くために
引越しと
新しい家具 50万円
・家賃を減らす
・荷物を減らす
整理
60歳から
少しずつ
少しずつ
旅行費用 100万円
・海外旅行
ヨーロッパ
タイ
オーストラリア
買い物
へらして
iDeCo
積立て
公団へ
引越す
・年に1回友人と温泉
会社勤め
週5
パート勤務
週1～2 パート勤務
55歳
63歳定年
68歳
70歳
65歳～
年金受給
いくらか
調べておく

私は、きりよく90歳としました。そして、90歳まで自分で身の回りのことができると想定（希望）。ここでは、将来病気になるのではとか、介護が必要になったらどうしようとか、そういう「もしかしたら」という未来は描かないこと。あくまでも、こうやって暮らしていきたいと希望する将来の姿を描きます。

余談ですが、長年リフォーム雑誌の編集長や新聞の連載執筆をする中で、数々のシニアリフォーム宅を取材してきました。その中で多くの方が、将来介護を想定してのバリアフリーリフォームをされていたのです。

廊下や玄関を広くする、手すりをつけるというのは急にできませんから、準備としてはよいです。しかし、意外に皆さん80代後半になっても普通に暮らせている割合が高いので、そんなに将来を悲観することも不安がることもしなくていいと私は思います。

ですから、万が一のリフォームに費用をかけるより先に、まずは片づけをしてください。

次は、やりたいこと、行きたい場所、会いたい人、食べたい物などを、いつ頃それぞれのことをしたいか年表のように書き出します。

## 漠然とした未来ではなく、これからの生き方を「決める」

目的が明確でないと、片づけも「そのうちに」「老後に」と、先送りしてしまうからです。

そして、流れに任せると今の延長で、現状維持から悪化。さらに加齢によって気弱になるし、体も弱り、片づけられないまま暮らしていくことになります。そうならないためにも、私はこう暮らしたいと決めることから始めます。

たとえば、

- ☑仕事やボランティアをしているなら、いくつまで続けたいのか。
- ☑やってみたい習い事や趣味はあるのか。
- ☑旅行に行きたいのなら、どこに行くのか。
- ☑終《つい》の棲家はどう考えているのか（引越し予定はあるのか）。

☑もし、ひとり暮らしができなくなったら、その先はどうするのか。
☑会いに行きたい人に会いに行く、推し活をするなどの予定はあるのか。
☑経験してみたいことはあるのか。

そういったことも含めて、「希望寿命」「いくつまで働くか」「最終的にどこに住むのか」「大きな費用がかかるイベントはあるのか」「希望の人生にいくら必要なのか」ということを考えます。


ちなみに私はずっと回し蹴りをかろやかにできる人に憧れて、いつか習いにいきたいなとずっと思っていました。そんなある時、50代の今体験しておかないと年をとってからでは格闘技なんてできなくなる！と気づき、ネットで調べて元プロボクサーが運営するキックボクシングのジムを訪ねました。

ボクササイズではなく、キックボクシングのクラスはほぼ男性しかおらず、プロを輩出、学生のチャンピオンもいるという本格的なジム。

そこに通い始めたのですが、はまりすぎて仕事がおろそかになるというはめになりました。今は自主練に切り替えましたが、思い立った時に行って良かったと思っています。こんなに楽しいなんて！　と思ったからです。

またそのジムには、70歳から通い始めた女性も過去にいたそうです。80歳を過ぎた時に免許を返納して、通えなくなり退会したそうです。私もキックのできるおばあちゃんになりたいと思っています。

このほか、同じくずっと「音痴を治したい」と漠然と思っていましたが、思っているだけでは上手くならない！　と思い、ボイストレーニングの門をたたきました。

少しずつですが、高音が出るようになり、レッスンは楽しいです。

ですから、楽しいことは早くから開始したほうがいいですし、いくつからでも始めることは可能。人は、いくつになっても可能性がたくさんあるということです。

楽しい時間が日常の中を占めていくようになれば、モノを持っていても使うことがなくなりますね。やりたいことや趣味の時間がとれるようになれば、老後はなおさらモノが不要になってくるということ。

## 小さなことでも「やってみたい」と思ったら、やってみる

とはいえ、そんなやりたいことがない、夢なんて特にないし、目標とかもないし、推し活をするような対象もいない。そんな風に思う人も世の中にはたくさんいます。

そういう方は、大げさなことを考えるのではなく、自分の「欲」を書いていきましょう。「毎秋は温泉に行く」「還暦には自分ご褒美にダイヤのネックレスを買う」「ピアノを人前で弾いてみたい」など。これだったらいくつも書けますよね！

ただし、これも「そんなお金はない」「時間がない」といった消極的な考え方は一切排除してください。

第4章で書いてある具体的な片づけ方法で、時間を作り、お金を貯めていくの

ですから！

そして、希望や欲を書き出したら、ここからやること、すべきこと（行動）を逆算していきます。

たとえば、希望寿命を決めたらそのために気をつけることを調べて、実践します。これ以上体重や体脂肪を増やさないための食生活を計画立てる。足腰を丈夫にするために毎日散歩する。転ばないように床や階段、その辺にモノを置かないなど。

希望の人生にかかる想定費用がわかれば、自分がもらえる年金額や退職金などを調べる。不足額をどこまで補えるか調べたり、考えたり、相談したりする。

そうすることで、いくつまで働くのか、貯金ではなく投資をしたほうがいいのかなどが見えてきます。もちろんお金に関する学びをするという目標や行動を起こすといいですね。

# 終《つい》の棲家を考える

## ロードマップには、将来の住居計画も必ず入れる

この先、高齢者だらけになれば変わるかもしれませんが、現在では、高齢になっての新たな賃貸先はなかなか入居許可がおりません。高齢になると万が一のことの確率が高くなり、嫌がられるのです。

かといって、持ち家で、ひとりで大きな住まいに住んでいると光熱費や固定資産税がばかにならないし、維持管理も大変。また、広い分、モノをいろいろと置けるので、とっておきがちになり、モノあふれになりやすいのです。

このほか、ひとり暮らしが性に合っている人はよいのですが、不安や孤独を感じやすい人は、高齢者施設的な住居がいいでしょう。

そういうことも考えながら、最終的にはどこで、どう暮らしたいのかを明確に思い描き、情報を得ておく。

なんとなくでもよいので決めておかないと、急にその時がきてしまったら準備不足のため不本意な場所への移動になってしまうかもしれません。仮にそうなった場合に、モノを選んで残す時間もないでしょう。

自分の意思とは違うところで、住む場所つまり環境を決められてしまったり、決めざるをえないことは往々にしてあります。それだと「自分に合わせた暮らし」ではなく、その「箱に合わせた暮らし」になり、なんとなく不満を抱えながら人生を終えていくことになるのです。本当に大事なモノはしっかり残せる準備期間として、住まいを考えてください。

いずれにしても、高齢になってくると広い住まいは必要なくなります。寝室とリビング、水回りがあれば十分で、コンパクトであるほうが快適なのです。なぜなら前述したように維持管理や掃除などをする手間、時間が少なくなるからです。

また、戸建ての場合は庭などがあれば、草むしりや樹木の維持管理が大変になってきますし、外壁や屋根といった外回りの修繕・メンテナンス費用もばかになりません。売却するなり、小さな平屋に建て替えるなり、自分が快適に暮らせるように考えてみます。こういったことも引越しやモノの移動がともなうため元気で体力があるうちに備えるか実行しておくべきなのです。

## 住む場所（エリア）と人間関係も重要に

自分が高齢になった頃に、住みたい街はどうなっているのかも予想する必要があります。人が減り、若者が減るエリアでは、商店や病院、公共交通機関は少なくなり、生活に不便が出てくるかもしれませんので要注意です。

買い物が不便であれば、食品や日用品をストックしておく収納場所が必要になってきます。

ちなみに私は以前は、将来は高齢者施設に入るのだろうなという漠然としたイメージがありましたが、複数の高齢者住宅を運営している経営者から「どんなに高齢になっても恋愛関係や人間関係でもめている」という話を聞いてから、年をとって人間関係の煩わしさから逃れられないのは嫌だと、私は絶対にひとり暮らしを全うしたいと決めました。

ほかにも友人、知人、町内会、親戚など人間関係は多々あります。私のお客様は、定年退職後にマンションの自治会で嫌な想いをして転居を決断しました。人生の終盤はできるだけストレスフリーでありたいことから、人間関係の整理も積極的に行うべきです。

# 住まいと暮らしはダウンサイジングがおすすめ

## お気に入りのタンスが置ける住まいなら

私の母方の祖父母は、北海道の自宅と周辺に経営していたアパートや貸家を売って、終の棲家として暖かい房総半島に引越していきました。選んだ引越し先は、2DKの公団。

仏壇と家電と食器棚1つ、タンス2竿、ダイニングテーブルとこたつという暮らし。長い間使ってきたタンスは使い勝手がよいらしく、運送費用より買い替えたほうがオトクなのに持っていきました。

2階建ての戸建てより、どこにいてもお互いの声が届く広さの住まいは、今思えば老後暮らすにはちょうどよかったようです。

また以前、定年退職後に残りの人生を考え、引越しを決めた当時63歳のおひとりさま女性の住み替えをまるごとお手伝いしたことがあります。自分より年若い身内がいないということから、自分の老後は、自分でみるしかないと決めた女性。体の動きが衰える前までは、ひとり暮らしをし、最終的には高齢者施設に入る予定と言っていました。

2LDKの分譲マンションを売却し、1LDKの公団へ引越し。モノの整理とマンションの売却、引越し、家具の買い替え、収納までのほとんどをお手伝い。不動産業者、引越し業者もすべて女性担当者を紹介しました。

家具の買い替えをしましたが、クローゼットがあるにもかかわらずタンス1竿だけは今までのモノを持っていくということ。衣服もかなり整理をされました。

以前、高齢者施設の方が、タンスは持っていきたいという方がとても多いと言っていたのです。広くない部屋にタンスを置くとどうしても狭くなってしまいます。持っていきたい家具があれば、その分他のモノを処分することも考えておくといいですね。

## 段階を経て、モノを整理していく

前述の女性は、最終予定の高齢者施設は狭いと予想されることから、住まいの広さに合わせて、段階を経ながら荷物を減らすというお考えでした。公団へ引越す際に若い頃に使っていたモノや趣味の道具は手放し、譲れるモノは譲り、売れるモノは売るという徹底ぶり。

好きで集めていた食器は、持っていても使わないし、地震がきたら割れて危ないし、引越し先のキッチンは小さいから大きな食器棚も置くことができないので処分します、と8割方手放されました。

まずは、一気にモノを減らすのも大変だし、高齢者施設に入る頃にはモノの処分なども自力でできないかもしれないと考え、段階的に住まいをダウンサイジングすることに決めたそうです。

このほか、老朽化した2階建ての戸建てから平屋にリノベーションをした70代ご夫婦もいらっしゃいます。

階段の昇り降りや冬の寒さを懸念し、思い切って平屋にしたことで暖かく快適な暮らしになりました。併せて、モノの始末も一緒にしました。思い切ってモノを減らした結果、床面積は半分以下になっても、逆に広々と暮らすことができるようになりましたし、光熱費も削減できたそうです。

## 機会を作ってモノを大幅に整理する

荷物を大幅に減らす強制的な効力があるのは、引越しや建て替えです。どうしてもやらざるをえないからです。現在持ち家で、引越しや建て替えをする予定はなく、難しいという場合でも、引越すつもりで期日を決め、モノを整理するといいでしょう。

賃貸暮らしの方は、現在の場所が気に入っているなら、将来建て替えで追い出されないか築年数や劣化を調べてみること。年金暮らしになってからの賃貸契約は難しいし、さらにおひとりさまであればなおのこと。

その年齢になる前に引越しをするかどうか真剣に考えましょう。

そして、引越すのであれば、最後の大きな片づけチャンスと思って、大幅にモノを減らしてください。

モノは少なくても何とかなるし、不足だと思う分だけ厳選して購入すればいいこと。何度か不便になったらモノは買い足ししてもいい。また、不便さにも慣れることはよくあることです。

# 理想の１日の過ごし方

## 日々の過ごし方を考えて残すモノを決める

仕事や家族関係などいろいろ手が離れ、自分の時間を過ごせる年齢になったら毎日をどう暮らしたいのか考えてみてください。

たとえば、外出や人付き合いがあまり好きではないという人は、衣服やバッグなどはそんなにいらない。

逆にお出かけや人と会うことが大好きという人は、洋服やバッグ、アクセサリーなども多めに持っていたいものです。

このようにインドア派かアウトドア派かということと、趣味のモノがあるかどうかが第一にモノを多めに持つか持たないかの基準になります。

それから、通常の1日の過ごし方をイメージします。朝起きて、朝ごはんはだいたい何を食べますか？　昼は？　夜は？　それによって必要な食器の数や種類も絞られてきます。

日中は何をして過ごしますか？　テレビが大好きという人は、極端な話、リビングにテレビとソファがあれば十分ですよね。

散歩したり、映画を観に行ったりしたいという人は、ちょっとした外出着や羽織る服などを少し余分に持つ。

ペットを飼っている人は、ペット用品などのモノを部屋に置く場所を作るなど、日々の暮らしに必要なモノを残すことから考えます。

## 理想を高めすぎない

多くの人は、将来は「やる」「やれる」と自分に期待してモノをとっておきます。つまり、「いつか使うかも」「何かに使える」などと思ってのこと。

しかし、期待と裏腹にいつまで経ってもその日はやってきません。年をとればなおさらのこと。だから、老後に絶対やりたいことを絞り、こう暮らしたいというイメージの7分目くらいを想定してモノを残していくことです。

あれもこれもしたい、こんな風に暮らしたい、というたくさんのイメージがあると、たくさんのモノを残しておかなければならないからです。

老後は時間があるようで、使いこなせていない人がほとんどです。身体的に億劫になったり、考えることが面倒くさくなったりして、50代、60代に想像していたよりもアクティブに動けないという状況になるからです。

つまり、片づけもはかどらなくなりますから、やはり早めに着手しておくべきなのです。

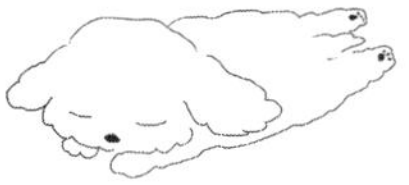

# 優雅なおひとりさまライフの人たち

## 日本のシニア女性は幸福度が高い

年をとって、体力の衰えや体のあちこちの老朽化を感じるものの、神経は図太くなってきて、ある意味若い頃より生きやすくもあります。

また、「ひとり」と言うと世間ではまだまだ寂しいとか大変とか思われてしまいますが、意外や意外、ひとりの身軽さを楽しんでいる女性の多いこと。よく、男性は妻に先立たれると後を追うように逝ってしまうと言われていますが、女性は逆に長生きすると言われています。アメリカのローチェスター工科大学の研究でも妻を亡くした男性の余命についてのデータもあるくらいなのです。

その言葉通りなのかわかりませんが、離別ないし死別でひとりになった女性たちは高齢になっても人生を謳歌している様子が多々見受けられます。

ひとりで暮らすのは、寂しい反面、気兼ねなくマイペースで時間を過ごせることがストレスフリーで、メンタルにも体にもよさそうです。

世界価値観調査幸福度ランキングというデータでは、男女差の推移で、日本の女性は毎回ベスト3に入るほど幸福度が高いと感じているのです（https://honkawa2.sakura.ne.jp/2472.html= 幸福度の男女差の推移）。つまり、なんだかんだ多くの日本女性は、幸せに生きているのではないでしょうか。

## アクティブなシニア女性

最近では、日本でも世界でもオシャレな住まいで楽しそうに暮らしている80代、90代女性の書籍や動画があふれています。社会との接点を持ちつつ、ひとりの時間を満喫。ファッションやインテリアも洗練され、素敵な生き方をしています。

「女は60歳以降が楽しいのよ」と私の周囲にいる70代、80代の先輩たちが教えてくれましたが、楽しく過ごしている方々に話を伺うと、モノを大幅に手放すという終活の段階を通りすぎ、住まいも体も身軽になり、そのことで心も身軽になっているようです。

私も70代、80代になった時に若い方にそう言ってあげられるように、これからの暮らしを楽しみたいものです。

また、皆さん口を揃えて「お金は使い切って逝きたいわ」と言います。モノもお金も後悔も残さずに人生を終えたいという理想があるみたいです。

そんな人生の後半を謳歌している方々が大事にしているモノは、「趣味」と「友人」そして、「学び」。

適度におしゃべりをして、笑ってという時間と何か社会と接点を持つという意味で趣味と友人。趣味のほかに、ボランティア活動や仕事を継続している方も多くいます。

3つ目の学びは、いろんなことを知りたいという興味です。これは、セミナーや講習、読書や動画など人それぞれ。いくつになっても学びたい、知りたい、やってみたい、出かけてみたいという思いと行動が若々しさを保つ秘訣なような気がします。

そして、出かけることで、身なりを整えるため、きれいであり続けることができますね。

私の祖父母の世代の老後といえば、定年後は自宅でゆっくりとして、夫婦で旅行に出かける、孫の面倒をみるというようなイメージではないでしょうか。

そして、その後、ひとりになったら、子どもの家を2世帯にして一緒に暮らす、または、高齢者用住宅へ移るという感じでした。

しかし、実際にその後はどうだったのでしょうか。

リフォーム雑誌の編集長時代や新聞の連載時代に2世帯リフォーム、2世帯住宅を新築された数々のお宅を訪問し、取材をしてきました。取材から数年後にこんな話を多々聞きました。

子世帯はよかれとひとりになった親を呼び寄せましたが、その後の話では、長年住み慣れた土地を離れ、知り合いのいない土地に移ったことで環境は大きく変化。さらに子世帯に気遣いながら暮らし、会話も少なくなった、動かなくなったことで、あっという間に認知症の症状やうつ症状が出てしまったそうです。

年をとってからの環境の変化ないし、住まいの間取り等の変化についていけないお年寄りが多いと聞きます。なぜなら、間取りや地域の地図というのは、頭の中でルート化されているからです。

最後の時まで人生を振り返ることができ、淡々と暮らすためには、自立できていることが今後の人生で最も必須なことであります。

老後は子どもに面倒をみてもらうという考え方は、もう時代に合いません。ですから、子どもがいない、パートナーがいないから「老後は不安」ではなく、ひとりだからこそ自分らしく生きていけるという思考に切り替えましょう。

# 第3章

# 今から始める片づけ

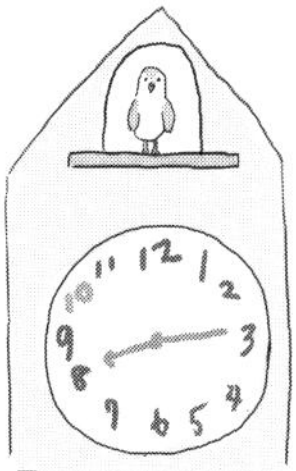

# 40歳を過ぎたら人生後半の準備に入る

## 片づけ、整理には「体力」「気力」「判断力」が必須

年々体力はもちろん、気力、判断力も衰えてきます。特に40代以降は疲れがとれにくいし、若い頃のように体力を過信して行動したら、数日尾を引いて大変なことになります。

そして、更年期に入ってくれば、なおさら片づけなんてできる体力もメンタルも集中力もなくなってきます。

とにかく**1日でも若い今が、セカンドライフ準備期間**なのです。

また、高齢になったり、太りすぎたりすると、かがむことが億劫になってくるため、床のゴミやモノを拾うのが面倒になり、床が散らかりやすくなります。

ほかにも、老眼や視力の衰えにより、汚れなどがあまり目に入らなくなるように……。なので、ある程度の年代以降、一気に散らかり具合や汚れが加速しやすくなることもあるのです。

実際、いつも住まいがキレイだったお宅の住人が、80歳を過ぎた頃から小さな汚れが目につくようになりました。また、母も拭き掃除などをきちんとする人なのですが、70代後半を過ぎてから、油はねなどの汚れが残っています。

老眼なのか視力の衰えなのかわかりませんが、汚れが見えにくくなってくると思われます。

## 考えることも億劫になってくる

人は、年をとればとるほど、体を動かすことと頭を動かすことは億劫になるし、大変になってきます。体が弱ってくれば、数段でも昇降すると息切れがして、つらいとも言います。家事でも買い物でも、決断でも考えることでも、とにかくラクなほうがいいのです。

つまり、「選択」することが少なければ少ないほうが、頭をムダに使わずにすみ、疲れにくくなります。

人生後半をラクにするための選択肢を減らしていくモノやコト、手法は他の章で説明しますが、減らすためには、そもそもの目的が必要になってきます。そこをしっかりと定めることを初めにやってください。

そして、人生後半で好きなことをする時間、ゆっくりする時間、旅に出る時間等を確保するためにも、今から余計なものを手放していくべきです。

モノが少ないほうが家事はラク、決断もラクになります。そのためには、何があれば、何を残せばラクになるかを考えていきます。

住まいをシンプルに、頭の中もシンプルにすることが、老後を楽しく暮らすための最大条件。ここをクリアできたなら、楽しい老後を迎えられます。

# 老後になったら片づける、は大間違い

## 老後は意外と時間がない

老後、退職後にあれこれできる、やれる、時間がたっぷりあると思ったら大間違い。何かやるにしても現在より時間が倍はかかると思ってください。

整理は特に決断力や体力、頭を使うので今よりもっと時間がかかるし、疲れも出ると理解しましょう。

「後から使う」「今度観る」といった理由で手放すことを保留にする人がいますが、それは本当に使うのか？　観るのか？　ならばそれはいつなのかスケジュールを必ず立てる。

1年後以降と考えているなら、それは不要に入ります。この年代になって1年後なんてあっという間ですから今使っていないもの、今着ていないものは不要と判断しましょう。

あとからやる、今度やると思っているコトは、半月以内に時間をとれなければ同じ状況の繰り返しだと思ってください。面倒くさいし、やりたくないし、優先順位が低いコトだから、手放しても生活に影響がないのであればサッサと手放すべきです。

# 「万が一」を考えて、真っ先に整理すること

## 「自分は大丈夫」ではない

中高年になると健康診断であちこちひっかかってくるし、転倒したり、ぶつけたりとケガもしやすくなります。いつなんどき自身に何があるかわからない世代の始まりです。

私は昨夏、自転車に乗っている最中に、タイヤに衣服がからまり、猛スピードの自転車から放り出され、歩道に頭と腹部を打ちました。そのまま救急車に乗せられ、最悪な事態も想像しましたが、肋骨がしばらく痛かったくらいで頭部も大丈夫でした。

また、周囲でもヒールの踵《かかと》が道路のすき間に挟まって転倒して背骨を骨折し、

緊急入院した知人や胃潰瘍で即手術になった人も。

そうなると困るのは、いろんな手続きや荷物、家のこと。

ひとり暮らしの場合、入院や手術になった知人は、やはり家の中のことが困った、と言います。

なぜなら、そんなことになるとは思わないで外出したため、家の中は散らかっており、入院のためのあれやこれを自宅から持ってきてほしいと頼む人の選択に困ったそうです。

散らかった住まいを見られたくないし、どこに何を置いてあるのかきちんと説明ができるような収納状態にもなっていないことを反省したと言います。

自分に万が一のことがあった時に、すべてのことをきれいに片づけて逝ければ美しいのですが、いつ万が一のことが起きるかわからないからこそ1日でも早く片づけを実行しなければならないのです。

## 現状の部屋が最後の状態という可能性もある

悲しい話になりますが、朝元気に家を出て、そのまま帰らぬ人となる。就寝して朝を迎えることなく人生を終える。そんな可能性もごくわずかですが、あります。

実際、私の祖母がそうでした。

祖父亡きあとは十数年ほどひとり暮らしで、いつものように就寝し、朝に目覚めることはなかったのです。

祖母の家は片づいてはいましたが、葬儀後、印鑑が見つからず、叔父や母はかなり探したようです。万が一空き巣などが入った時に盗まれないように用心していたのでしょう。とんでもない場所に隠してありました。

それでも、叔父や母は、祖母の子どもですから何日か泊まりがけで探し、片づけることはできましたが、子どもや甥、姪など身内のいないおひとりさまでは、他人が家の中を片づける、財産整理をすることになるのです。

身内がいる場合または財産や不動産がある場合は、万が一のことを伝えておかなければなりません。

もちろん、子どもや身内だって散らかった部屋を片づけるのは嫌ですし、大量のモノを処分するにも労力と費用がかかりますから、何もせずに逝くと迷惑をかけることになります。

緊急な場合の話に戻りますが、急な入院など、その時の準備はできていますか？

家の中にある下着やパジャマ、洗面道具、印鑑等どこに何があるかを電話やメッセージで説明することができますか？

何がどこにあるかという説明を簡単に伝えられるようにできる整理収納が、おひとりさまの第1目標になります。

以前、私の講座の受講生で、50代の女性が、職場で倒れて即入院となりました。

ひとり暮らしで都内にいる友人にいろいろ持ってきてほしいと思ったそうですが、「あの、泥棒が入ったような部屋に入れるのはちょっと……」ということで、遠方に住む高齢の両親に申し訳ないがお願いしたそうです。

さらに、部屋が荒れていたため、ご両親が探し出すのも大変だったと聞かされました。

本人曰く、「無事退院できたからいいものの、万が一の場合、保険証券とか発見することも難しいくらいのモノだらけの部屋なので、高齢の両親にあの部屋を片づけさせるのは酷だと思った」とのことでした。

## おひとりさまは急な入院で困る

出先や職場で急に倒れ、入院になった場合、誰かが荷物を自宅に取りにいくことになります。

その時に便利なのが第5章で紹介する配置図です。これをどこかに貼っておくと自分以外の誰でも探し物が簡単です。そして、ラベルを貼ってあれば、ほぼ見つけ出せます。金品以外のものについて貼っておけば安全です。

配置図の隣にでも緊急連絡先を貼っておくといいでしょう。今は、スマホの時代ですから、スマホのパスワードがないと逆に調べることができません。

その昔祖父母は、固定電話の近くにかかりつけ病院や親戚などの電話番号を貼っていました。そのような感じで、自分には必要がないけれど、誰かが緊急で連絡してくれるようにわかりやすくしておくのも大事です。

もっともっと年をとったら、骨折が原因で自宅に戻れない場合もあります。病院からそのまま高齢者施設へということもあるのです。その時は、自分でモノの整理をして引越しするという猶予はありません。

誰かが住まいの整理をして、退去手続きをするわけです。そうなった時に「何と何はこちらに持ってきてほしい」と伝えられるくらいに、モノを減らしておきましょう。

## 天寿は年齢順ではない

順番は、親が逝って自分、と思って疑わないですが逆もなくはないのです。

高齢の親に片づけという労力と悲しみを残していかないために、また、自分が長生きしても身軽でいられるよう、すべてを整え、準備しておくことは大事です。

そして、部屋やモノ、コトの整理、片づけよりも、万が一の整理を早急にしてください。

なぜなら、明日のことはわからないからです。

万が一の整理とは、
①預貯金や保険類、借金などのお金関係を一目でわかるようにしておくこと。
②職場や親類など連絡してもらわないといけない人のリストをつくる。
③お墓や葬儀関係の希望を記すこと。
④身内がいない方は、誰に何をしてもらうのか、とその連絡先。誰もいなければ、役所などでそういった場合の事例を相談しておく。

など、エンディングノート的な内容です。

ちなみに、状況や地域によりますが、身寄りのないおひとりさまが何も記さずに逝った場合、働いている人は、職場の上司などがことにあたったり、顔も知らない町内会の人、役所から頼まれた業者などが最後の世話役にあたったりします。

他人に見られても恥ずかしくない暮らしにしておくのが、社会人としての品位かもしれません。

# １日に３個を捨ててみる

## １日３個で１年で１０００個減る！

個人差はあるものの、家の中には１人あたり５０００～１万個の持ち物があると言われています。それに対して、日常的に使っているモノは数百～１０００個ほどらしいのです。

つまり、必要ないかもしれないモノが数千個あると考えられるのです。もちろん、使っていないけれど、大事なモノもあると思いますので、すべてが不要ではないものの、多くが家になくても困らないということ。

ならば、１日３個寝る前に不要なモノ探しをしてみる。すると１年で約１０００個がなくなり、２～３年でほぼスッキリすること確実です。

## だんだん捨てられなくなってきたら…

1日3個といっても最初の頃は目につくところから捨てられるけれど、だんだん何を手放していいのか、残すのか、どうしようと迷ってしまうはず。ならば、残すと決めたモノ以外は、「迷い中」として箱詰めしてしまいます。3か月に1回くらいの割合で開いて考えましょう。

何を残すのも悩みがちになる人は、常に使っているモノは場所を移動させてみることをおススメします。1日3個が難しければ週に3個捨て、でもOKです。

たとえば化粧品を多々持っているとして、今日使った化粧品を空いたスペースやケースに置く。翌日も翌々日もそうしてみる。すると1週間ないし、半月続けることでいつも使う化粧品、全く使わない化粧品に分かれます。

そして、いつも使う化粧品は使いやすい場所に置き、使っていない化粧品は半年ほどを過ぎたら処分を。

使用期限がないモノでも、半年〜1年使わないモノは検討材料になります。

# 片づけに何度も失敗している人に

## 自分で決めたルールを守る

片づけは、不要なモノを捨てるだけという単純な行動なのにできない人がたくさんいます。ダイエットもたくさん食べなければいい、食べた分動くというような、これもわかりやすい仕組みなのになかなか痩せられない。

世の中には、誰でもできることなのになかなかできないこと、やめたいのにやめられないことが日常的にいろいろあります。そして、永遠のテーマでもあります。

数十年前から片づけに関する本はたくさん出ています。ダイエットに関する本も、お金を計画的に使う知識本も、自己啓発本もいろいろ出ています。それだけ、皆、結果が出ていないのです。

では、結果を出すには？

**自分で決めたルールを守る。**

「残す」「残さない」の整理に関して、自分で判断ルールを決めてその通りにする。それだけで本当に片づくのです。

## やる気スイッチを習慣化

しかし、人間は自分との約束をいちばん破りやすいもの。だからこそ、片づけがなかなか進まないとも言えます。

セミナーで話を聞いたり、本を読んだりした時はテンションが上がり、「よし！片づけよう」と思うのですが、1日、2日過ぎていくと「今度でいいか」になってしまうのです。

テンションを上げ続ける、やる気スイッチを常にオンにするためには、自分が暮らしたい部屋のイメージの写真を常に見ること。これは、なりたい自分になるためには目標や達成イメージを毎朝または毎晩見ることで達成しやすいと言われているのと同じ仕組みです。

いつもきれいな部屋の写真を見ていると、リアルな部屋に違和感を覚えてくるようになります。すると、キレイにしなくては、と考え始めるのです。

また、実はやる気スイッチというものはなく、人は行動することでやる気が持続します。とにかく、1日1回何かしらのアクションを起こすようにしてください。

そして、できる限り同じ時間帯または毎日している何かの行動の前後にすると、習慣化が早く定着します。

# 食費と健康の見直しには冷蔵庫整理

## 在庫管理ができる整頓を

ご高齢の方の住まいでは、キッチンに食料品が大量にあることも特徴です。多分「何かあった時に」「買える時に」などと予備的な意識で購入し、そのため大量のストックがあるのだと思うのです。

しかし、その多くは賞味期限切れ。そして、キッチンの在庫もごちゃごちゃになっていて、ストックがあるのか、ないのかわからず再購入しているというパターンが多いのです。

食料品の買い方にも、その他の買い物の仕方と同じ思考が反映されます。「安い」「まとめ買いがオトク」「新商品」といった理由で、食べきれないほど買ったり、何も考えずに買ったりしているのです。

片づけが苦手なお宅やモノだらけの住まいでは、冷蔵庫も同じように食品がパンパンに詰められています。冷蔵庫の手前だけが活用領域で、奥は長い間発掘されない保存状態が悪い家もあります。

片づけに伺うと冷蔵庫の奥からは、数年以上前の瓶詰や袋に入った食品が出てきます。

最長記録は10数年前の日付の食品があったお宅です。こちらは、キッチンに床下収納庫があり、そこを開けた記憶もないほどキッチンの床もモノやゴミだらけだったので、開けた時には昭和時代に漬けた山菜の瓶詰（手作り）が大量に出てきました。

瓶の蓋であるアルミ製品って、年数が経過しすぎると風化して、指で押しただけでボロボロと崩れるって初めて知ったものです。

大量に収穫した、購入した食材をもったいないから保存しておくというところまでは良かったのですが、下処理をして放置というお宅は結構あります。ですから、買いすぎないにこしたことはないのです。

そして、若い頃と比べて体には気をつけたいお年頃ですから、食事も量より質を重視したいもの。よりよい食生活を継続するためと賞味期限切れを招くムダ買い防止のために、今から冷蔵庫やストックの整理、計画的な買い出しにつとめていきましょう。

## 冷蔵庫の買い替えにはサイズダウンを

おひとりさまに大容量の冷蔵庫はいりません。収納と同じくしまう場所が大きいと多めに購入して、とっておきがちだからです。

これから冷蔵庫を購入予定の方は、今よりも一回りから二回り小さい容量の冷蔵庫を検討しましょう。

老後はこまめに買い物に行くことで運動になり、頭の刺激にもなります。

**冷蔵庫の収納は、「いつも」の食品を「同じ」場所にしまうことが基本です。**

しまう場所決めをしましょう。

たとえば、一番上の段の奥は見えにくいため、1回出したら戻さない缶ビールや1個毎に食べきるヨーグルト、プリンなどや逆に長期間日持ちする味噌などを置きます。そして、どの段にも共通しますが、奥のモノもすぐに取り出せるよう、必ずトレイやケースなどに載せると奥のモノまで引き出せます。

それから、すぐに食べきりたい品、残ったお惣菜などは目線の高さにある段にしまいます。冷蔵庫の扉を開けた時に真っ先に目に入るので、食べ忘れ防止になります。

そして、引き出しタイプになっている冷蔵庫では、しまった食材を重ねないことです。重ねることで下になった食材は忘れ去られる可能性大。必ず立てて収納しましょう（詳細は、写真や図解になった拙著『図と写真でわかる玄関から始める片づいた暮らし』参照）。

毎日細々とお惣菜を作るのは面倒です。週に1～2回まとめて作り、容器に入れてきれいに冷蔵庫に並べると食事の支度がラクになるし、きちんとしようと思うモチベーションが上がります。

体によいとされる食材を副菜として常備することで健康にも嬉しいですし、小皿に盛り付けた副菜が多々並ぶと、食費を抑えていても食生活が豊かになります。

冷蔵庫の収納ヒント

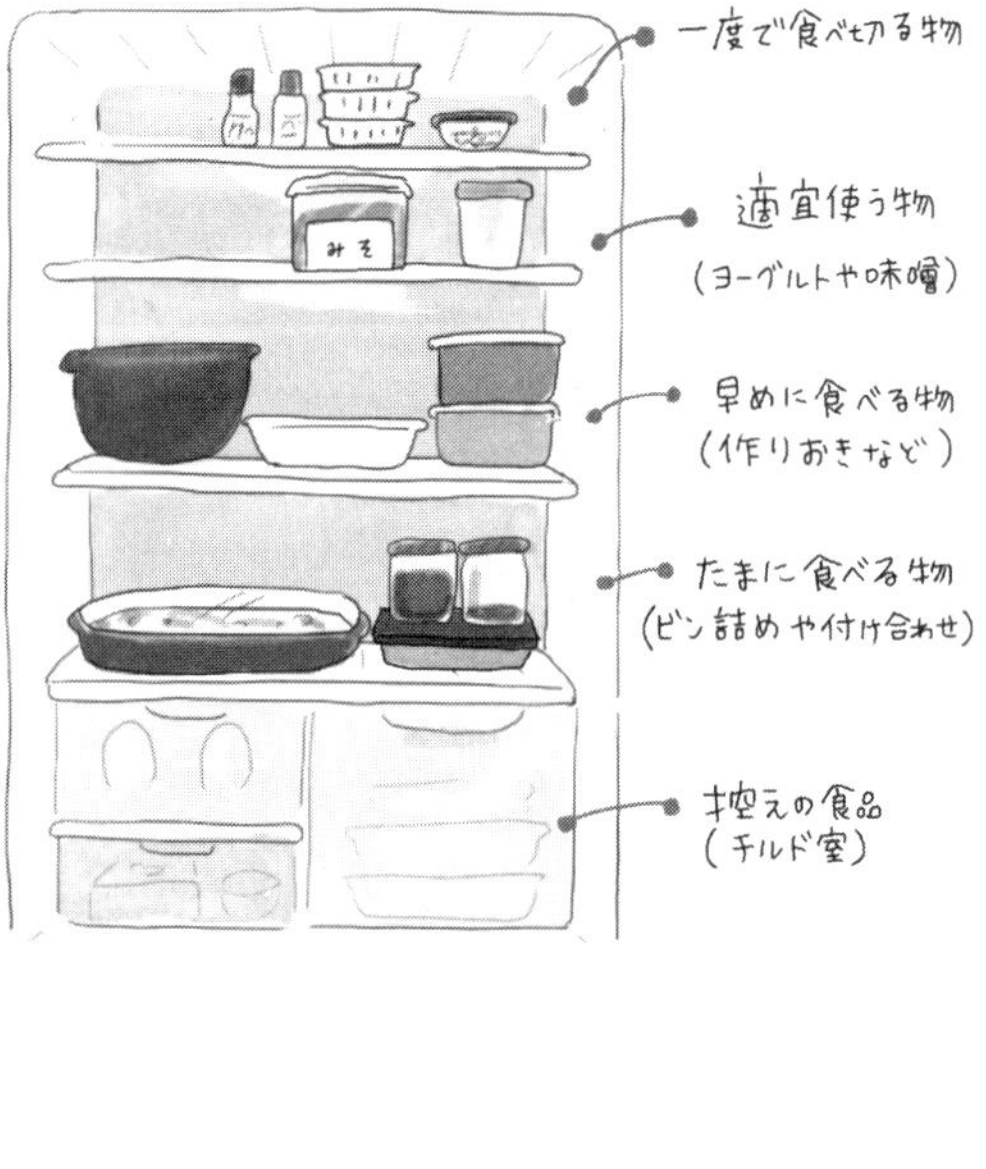

# 売れるモノは売る。「二束三文にしかならなかった」もいい勉強

## 捨てるよりも積極的に手放せる

片づけなきゃならない、モノを整理しなくてはならないというのが、頭ではわかっているけれど、「もったいない」という感情から抜け出せない人も多いでしょう。

多くの人が、誰かが使ってくれるなら、買ってくれるなら、手放してもいいと思っています（ごく一部、自分は使わないけれど、人には渡したくないという考えの方もいます。そういった考え方の場合は、片づけは難しいです）。

今はスマホがあれば、写真を撮って簡単に売れる、もらってくれる人を探せる時代です。また、代行で面倒なことをやってくれるサービスもあります。

ブランド物の紙袋やトイレットペーパーの芯まで売れる時代です。どうせ手放すなら少しでもお金になると老後の資金に役立ちます。

ただ、そんな時代なのに1円にもならないし、引き取ってももらえない、または一山1000円にしかならなかったという着物。購入した時は高額だったのに、業者がしぶしぶ引き取るという二束三文の品です。もちろん、高く売れる着物もあるのですが、保管状態がよくないために結局ゼロ円という価値になることも多いのです。

## 売る、譲るにしてもモノの管理はきちんと

以前、オシャレが大好きな30代女性の片づけに伺った際に3部屋いっぱいに洋服が山積みしてありました。その中にはブランド品も多々まぎれていました。シャネルやコーチのバッグは、潰れてぺしゃんこになって発掘、というありさまです。

もう着ない服、好みでない服は、ネットで売るからよけておくというのですが、しわだらけで、ほこりやシミがついたまま片づけはじめて少し空いたスペースにまた山積みにしていました。これを売るのか……と思ったものでしたが、後日聞

いたところ、やはりなかなか売れないと言っていました。

保存状態が悪いといくらブランド品でも二束三文です。クリーニングに出すといいよとアドバイスをしましたが、利益が薄くなるから嫌だと言われました。

売れなければ結局ゴミになるものの、本人は「ブランド品なのに！」と言って、処分する気もなければ、クリーニングにかける費用を出す気もないようで、多分おばあちゃんになってもあのまま残っているのだろうなと思います。

売る時は、買う側の気持ちになってください。あなたならこの状態の品を、お金を払ってでも買いたいと思うのか。自分がお金を払ってでもまた買いたいと思うような状態の品を売ってください。

そして、売るためにとっておくなら保存状態をきちんとしておきましょう。モノだらけの家は、総じてカビやホコリが多いし、衣服もきちんとたたまれていません。

日頃モノを大事にしていれば、ちゃんとお金になって返ってきます。

COLMUN

## 整理の要「判断力」

日ごろ整理をしていない人が、整理をしだすと1時間くらいしかもちません。判断するのに脳がものすごいエネルギーを使うからです。なぜなら、日ごろし慣れていない箇所を使うため。判断力を高めるには、日々訓練をしてみましょう。「朝、着ていく服を1分以内に決める」とか、初めてのランチのお店でメニューを「10秒以内に決める」とか、意識して過ごしてみる。片づけができていない人は総じて判断力が遅い印象があります。選ぶということに時間がかかるようです。「要る」「要らない」「大事」という判断が瞬時にできれば片づけも短時間で進みます。年をとればとるほどこの判断が遅く、弱くなっていきます。今のうちから脳を鍛えておきましょう！

## 片づけの要「気力＆体力」

片づけられない人の多くは、片づけたくても「疲れている」「動きたくない」といいます。実はこの「動きたくない」というのが日々の片づけを阻む大きな障壁。帰宅したら座らないこと。ソファにどっかり座ったら最後。もう動きたくない。なんならお風呂もメイク落としも面倒…なんてことありますよね？　気力・体力というより日ごろの癖です。私の知人で、家の中で毎日2万歩以上歩いているつわものがいます。掃除や洗濯、料理でフル稼働しているため寝るまで動きっぱなしです。気づいたら習慣になっていたから、動かないと気持ち悪いと言います。そこまでできなくても、老後の体力つくりも兼ねて、家事で動く習慣をつけましょう！

第4章

# 具体的に残すモノを決める

# 「これだけあれば」という究極を頭の片隅においてみる

## 6畳一間で暮らせるイメージをもっておく

仮に将来、高齢者施設のような建物へ引越すことになった場合、希望の物件に入れず、6畳一間になったと想定したら、現在の荷物はどうなるでしょうか。

まず、ほとんどの人が、すべてを持っていくことはできないですよね。ちなみに物入れまたはクローゼットはあり、キッチンなどの水回りは含まないとしても、ベッドを置いて、テレビを置いて、ソファを置いたらもう他のモノが置けないかもしれません。

以前、タレントの阿佐ヶ谷姉妹さんがお二人で暮らしていた時、6畳に二人分の荷物があるはずなのに、スッキリとされているのをテレビで観て感心したものです。当時はお金がないからと二人で暮らしておられ、さまざまな倹約生活も垣間見ることができました。

6畳（水回りは別）一間に二人で生活していても、モノは出ていないし、家具も少ないという住まい方ができるということは、当然、一人なら確実にできるということです。

クローゼットないし物入れと棚1つ分くらいに収まるだけのモノを持つ。それを最終目標に今からコツコツと片づけを始めましょう。

## 将来は今と違う趣味や暮らし方になる

でも、読者のほとんどの方がそんなスペースじゃ収まりきらない！と思うでしょう。私もそう思います（笑）。今の段階ではそうですが、仕事を定年退職または辞めたら、ある程度の量の持ち物は不要になります。

たとえば、仕事用、通勤用の靴やバッグ、スーツ、コートなど。専門職の方であれば、資料用の書籍などもごそっと減るはずです。また、付き合いでゴルフなどスポーツやアウトドアをされていたなら、その類のモノも不要になります。

そして、人はほぼ毎日同じようなルーティンを繰り返しているわけですから、日々使うモノは決まっているわけです。

ということは、日々決まっているそのモノさえあれば十分だということ。

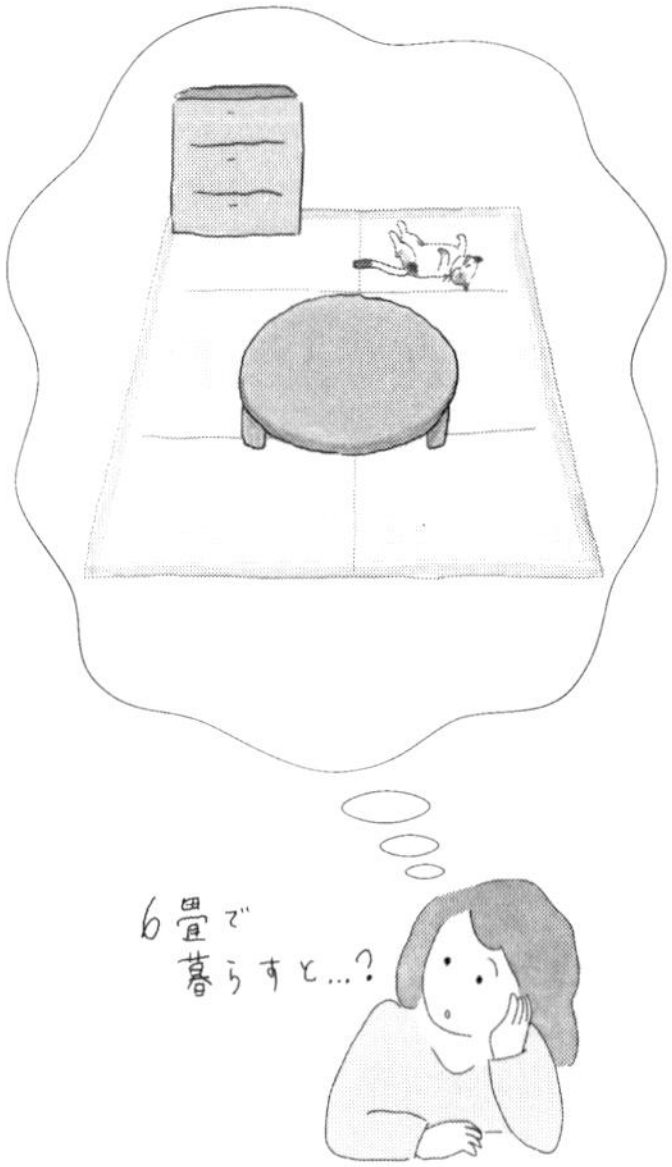

# 今使わないものは、もう使えないもの

**年をとると、なおさら必要なモノはごく一部。大量の不用品には別れを！**

一日、一週間、一か月、一年があっという間に感じるほど早く過ぎていきます。そんな日々を過ごしているのに「いつか使うかも」と思って、とっておいたモノは本当に使う時がくるのでしょうか？

よく考えてください。そう思って長い間とっておいたモノがすべて、はたして今まで活躍する場面があったのか。

世の中はどんどん変わって、新しいモノやコトが出てきます。そっちに目が向いて、「いつか使うかも」と思ったモノはホコリをかぶって置き去りになっていきます。

たとえば、平成の初めくらいまで主流だったビデオ。その当時はたくさん録画してためておいたテープを、老後や将来時間がある時に観ると思っていなかったですか？

しかし、今はネットでいつでも見られます。見られるけれど、きっと新しいものが見たいから、昔のものを見る時間もない。

「いつか使うかも」と思ったモノの未来は、ビデオテープと同じ結果になります。だから、今使わないモノは、「もう使えない」モノと思って手放してください。

残してよいのは、今使っているもの、今使いたいものです。いつまでもこない「いつか」を待っている時間はもうありませんから。

# 書類

## 必要最低限だけ残す

とにかく紙モノは、必要そうで不要なモノがほとんどです。重要な紙モノはカラーボックス1段分のスペースで十分。

今すぐにでも整理を始めてほしいです。とにかく、そのうち見ようと思ってとってあるパンフレット、DM、チラシその他、これらは全捨てでいきましょう。今の自分には必要ないはずです。

ですから、今すぐに買いたいモノや調べないといけないモノの資料だけ残します。

そのうちと思うモノは捨てていいです。モノならバージョンアップするので、その時にまた取り寄せればいいし、モノじゃなくても本当に必要なら本気で探して、見つけて集めて、すぐに読みますから。

## 何を残せば大丈夫なのか

税金や社会保険料の領収書、生命保険や損害保険の証書、不動産登記の書類、ローンの契約書などお金に関わる証拠となる類の書類は重要書類として他の紙モノとは一緒にせず、きちんと保管しておきます。

家電や設備機器などの保証書は、ほかの証書と一緒にせず、保証書だけでまとめてしまっておきます。面倒くさがりの人は、ファイルなどに入れずとも引き出しや箱にざっくり入れておくだけでよいです。

これらは、年に1回ほど期限などの確認を定期的にしましょう。期限切れの書面は処分します。

# 洋服

## ありすぎると目が散る

洋服が、住まいの収納面積を多く占めているという家がほとんどだと思います。買ったはいいけれど、袖を通していない、少ししか着ていないという理由でとっておいてあるものが大量にあり、服がたくさんあっても着るものがないと毎回悩む……。

これは、冷蔵庫の中も同じ。食品がたくさんあると冷蔵庫を開けて、何を作ろう、何を食べようと迷い、困ってしまいます。

牛肉と玉ねぎしかなければ牛丼にしよう、などと即決められます。

洋服も1着だけというわけにはいきませんが、日常の洋服なら最大でも上下各7着あれば十分です。上下の組み合わせによっては、40通り以上にもできます。これに小物やジャケットなどの上着をさらにコーディネートしたなら、もっと組み合わせ数が増えます。

つまり、コーディネートしやすい衣服を購入すれば、少ない数でもまんべんなく着られるというわけです。

コーディネートが考えられないからいろいろ買ってしまうという人もいるでしょう。そういう場合は、お店の人に相談しながら買うとよいです。単品で衝動買いするとコーディネートが難しくなるのです。

## コーディネートしやすい服を残す

素敵だから買ったブラウスに合わせるボトムスがない、デザインがカッコイイから買ったパンツに合わせるトップスがない、など洋服はワンピース以外単品で活躍できるアイテムはそうそうありません。

合わせやすい白や黒といった単色のタートルやセーター、カットソーはほとんどのボトムスや上着と合わせやすいため、残しても活躍します。もちろん着やすさ重視で。

それから、ボトムスもデニムや黒、茶、白といったベースがあるとやはり合わせやすいですね。

それにプラスして、トップスやボトムスに柄ものを1～2枚それぞれ持っていると着回しが増えます。コーディネートしやすいデザイン、色のものを残すといいでしょう。

あとは、明るい色のスカーフやストールといったアイテムがあれば、単色のトップスも華やかになります。

## 洋服は見える化する

そして、「ジャケットなどのトップス」「トップスのインナー」「ボトムス」「スカート」「ワンピース」とカテゴリーに分けて収納します。

この時、何があるか一目でわかる数だけを持つこと。

部屋着に関しては、部屋着というカテゴリーでひとまとめに収納します。外出で着なくなった服を2軍として部屋着にする人がいますが、部屋着は2～3着あれば十分。着やすい、ラクという条件でいつも着ちゃう服がお気に入りのはずです。

そのお気に入りを2～3着持てば、洗濯しながら着回せます。他は全部手放していいでしょう。

## 機能性第一、デザインは二の次で残す

若い頃は、耐えるファッションでした。

耐えるとは、北海道の真冬でもミニスカートにパンストなど寒さを我慢してもオシャレを優先させていました。

しかし、シニアになってそんなことはできません。冬は暖かい衣服、夏は涼しい衣服。さらに、着やすい、着心地がいい。それが優先順位第一位になります。

無意識に着やすい、暖かいまたは涼しい衣服を選んで着ていると思いますので、よく着る服は残す対象です。

逆に高くても、オシャレでも、一度しか袖を通してないなど全然着ていない服は、着心地が悪い、寒暖差に対応できないなどそれなりの理由があるのです。

そういった服は、この先も、着る機会はないと考えて手放しましょう。

# 食器

## 自分の分プラス少しだけ残す

毎週、毎月来客があり、自宅で食事をしていくということでもない限り、食器は数多くいりません。

昔の良い食器などは、セットで売られていることがほとんどでしたので、4枚組とか5枚組で食器棚にしまわれています。もったいないと思うでしょうが、場所をとるだけだし、地震などで大量に割れてしまうと危険。また、もっと年をとってから捨てようとしても重くてゴミ集積場へ持っていくのが大変になります。

今のうちに使いやすく、出番の多い食器を中心に残し、他は少しずつ手放していきましょう。

## 大皿、大鉢など重い食器

大きな食器、重い食器は出し入れや洗うのが大変です。もちろん運ぶことも。そしてそれが年々大変になってきます。

大皿、大鉢を使うような料理をしないとか、分けて盛り付けるなどやり方を変えましょう。どうしても大きな皿が必要ならば、軽いものを探して購入します。

重い、大きな食器はゴミ出しも大変です。早いうちに整理の決心を。

食器棚に関しては、小さな棚ないし他と兼用で十分だと思います。お気に入りの食器などは飾るように収納しても素敵です。それができるのも片づけができているからこそです。

# 大きなもの、家電の見直し

## マイカー

都心でマイカーを持っているというおひとりさまは少ないと思いますが、地方では車がないと不便で……という状況も多々あると思います。

しかし、自動車の免許は昨今、ある程度の身体能力や認知力、視力が衰えたら返納するという方も増えてきました。そうなった場合に、それまで車で移動してきて、年をかなりとってから車なしの生活になったら、足腰がついていかないのです。

歩くことや公共交通機関での移動に慣れているシニアと、車移動またはタクシー移動が当たり前だったシニアでは、脚力や移動時間の想定に大きな差があります。

私は、ずっと車を使っていて、地下鉄などの公共交通機関でも移動できる場所にも車で行っていました。

しかし、ある時壊れてしまい、ディーラーに見てもらったら、電気系統の故障なので修繕してもある時ブレーキが異常をきたす可能性もあると言われ、手放しました。本来なら買い替えなのですが、ちょうど半導体が世界中で不足し、納車が半年ないし1年先という時期であったため保留。

しばらくは、シェアカーないしレンタカーと公共交通機関、タクシーを使うことにしました。そこで気づいたのが、本当に車が必要な場面はほとんどないこと。

そして、車じゃないから余計な場所に行かない、街中の駐車場も使わないことで余計な出費がない。もちろん自動車保険に自動車税、車検、夏と冬のタイヤを準備しなくていい、など車に関する大きな金額も浮きました。

そして、何より、公共交通機関で移動するため、階段の昇り降りもするから1

日数千歩は歩いています。

買い物は駅からの帰り道に済ませる、またはネットで宅配してもらうことで、時間も浮きました。

これからは、車を持たない、または、諸費用を考えたらコンパクトカーがいいかもしれません。

もちろん、近くにレンタカーやシェアカーがない、公共交通機関も少ないという環境の方は、自転車と自家用車を併用するなど何を残せばいいか考えてみてください。

## 家電

大きなテレビは必要でしょうか？

大画面で観ても目が疲れてくるだけですし、場所をとりますし、黒という色なので部屋での圧迫感があります。

今後買い替えの時期がきたら、サイズの検討をしてみてください。

　このほか、便利家電や高性能家電についても日常的に使っていて残すのか、または、そんなに機能が多々必要なのか今一度考えてみましょう。もちろん、買い替え時にも考えてみます。この先は、シンプルな機能のほうがきっとラクなはずです。

　高性能な掃除機や洗濯機は、本体のお手入れが面倒であったり、バッテリーの買い替えが必要だったり、故障しやすかったりするなどのトラブルもあります。
　新しい使い方を覚える、新しい機能を使うような習慣に変えるというのは、高齢になってくるとハードルが上がります。

# 整理整頓のルーティンを設ける

## 年に一度は書類の整理日を設ける

気づくとたまる一方の紙類。その中でも書類関係は「万が一」を考えて捨てられない人、とりあえず届いたら保管してたまる人がいるのではないでしょうか。

以前、この「万が一」と「届いたら保管」をダブルで行っている女性がいて、毎年更新の損害保険の保険証券等、とにかく何でもとっておいて、ものすごいファイルの山だったというパターンがあります。

保険証券は、契約期間が切れたら1円も出ないですから、新しい証券が届き、現在の証券の日付が切れたら〝即捨て〟で大丈夫なのです。

このほか、保険会社から毎年届くお知らせの郵便物もずっととっておいている人もいます。そんなことをしていたら、紙モノがどんどん溜まっていく一方で、いざという時に大事な書類がすぐに出てこない可能性だっておおいにあります。

また、家電などを購入した際に付いてくる保証書も有効期限が切れているにもかかわらず、色あせたものをずっと保管している人もいます。同じく、すでに家にないモノの取扱い説明書をずっと持っている人もいます。

これらは、絶対にいりません。何かの時も、もしもの時も絶対にありません。即、捨ててかまいません。

こうやって多々とってある人は、**「捨てていい」基準をわかっていない**ということもあります。

・期限があるものは、期限が過ぎたら処分
・家にないモノの取扱い説明書とネットで見られる取扱い説明書は処分

・レシートや領収書は、確定申告をしている人は7年保管
・繰越した通帳や昔の給与明細は不要
・銀行や保険会社などのお知らせは、今年分以外は処分
・借用書や完済書、不動産登記などは保管
・その他とりあえず1年ごとに見直し

というようにこれ以外にもいろいろあると思いますが、自分でルールを決めてください。

## きれいにファイリングしなくても大丈夫

そして、残すものは、とにかくわかりやすく。書類関係はすべて同じ収納場所にし、保険証券・取扱い説明書などとカテゴリーに分けて、ファイルするなり、大きな封筒に入れるなりして、分けておきます。

自分のことをズボラだと思っている人は、きれいにファイリングしなくていいですよ。大きな封筒にマジックで「保険証券」「領収書」などと書いて入れてお

く。

そして、**必ず1年に1回、中身をチェックする日を設ける**こと。この日に、決まったルールで処分するもの、残すものを仕分けましょう。

これからは、いろいろな書類がネット上での閲覧に代わっていくでしょうから紙での保管は減ると思いますが、それらをプリントして保管してしまえば現状と変わりません。

データで保管する場合は、「書類」フォルダの中に大きな封筒のイメージと同じ「各カテゴリー」フォルダをつくります。

そして、ファイル名に「202X・Y月電気代明細」などと名前をつけて保存。1年で捨てていいものは、ファイル名の頭につけた年月を見て、1年以上前のものをゴミ箱へ入れましょう。

ファイル名の頭に数字を入れることで、年月順に並びますからわかりやすいです。

# モノの数を決めてみる

「どれくらい残したらいいかわからない」

「いくつくらい皆さん持っているのですか？」

そんな質問がセミナー時によくあります。

これからどこの家にもあるモノの持ち数の参考数または持つ基準を記載します。

これを見ながら、自分にとってベストな数を決めてください。

☑**紙袋**

大3枚、中10枚、小5枚
エコバッグなどがあれば紙袋は、ほぼ出番はなしと考える

**☑空き箱、空き缶**

各2個

使いみちがすぐに思い浮かばなければゼロでもいい

**☑文房具**

ペンは各色2本、はさみ、のり、カッター等は各1個

書きやすいペンだけ残し替え芯を活用する。ペンは大量にあっても一生使い切れない。文房具も日常的にそんなに活用することはない

**☑試供品、アメニティ**

ゼロ

旅先や温泉には今、ほとんどついているため。さらに、持って帰ってこないこと

☑**写真**

アルバム1冊分

現在はほぼデータであり、昔の写真だけを選定して保管

☑**年賀状、絵はがき、手紙**

年賀状は住所録がデータにあれば、1年分だけ

絵はがきや手紙は大事な文面のもののみ小さな箱や引き出しに入る分

☑**本**

本棚1つ分

本棚が大きければ、半分に本、半分は他の収納として利用も可

☑**傘**

3本

いつも使う長傘と折り畳み傘と予備用

☑**靴**

春夏シーズン用、秋冬シーズン用で各5〜6足、冠婚葬祭用で春夏・秋冬で各1〜2足

基本は靴箱に収まる分

☑**グルーミング（爪切り、耳かき等）**

各1つ

1つあれば十分。壊れたら買う

☑**寝具、布団**

シーツ夏用2枚、冬用2枚、タオルケット1枚、毛布1枚、布団カバー2枚（寒冷地は冬用カバー2枚）、布団1組（自分用）

来客用布団は場所をとるので無しでよい。ただし、毎月のように誰かが泊まる場合はあり

☑思い出の品

箱に1個分

想い出の基準を設けないと、何でも「想い出だから」ととっておいてしまうため、棺に入れてほしいとまで思うモノだけをしまう

☑鍋、フライパン

中鍋2、片手鍋1、小鍋1、フライパン1

日頃の自炊具合でどれだけ必要かわかるはず

☑ザル、ボウル

大小各1個

使用したら、その都度洗えば、数はなくても事足ります

☑食器

大皿1枚、中皿2枚、長皿1枚、小皿3～4枚、豆皿3～4枚、丼1つ、中鉢

1つ、小鉢2つ、飯碗1つ、汁椀1つ、グラス3〜4個、カップ3〜4個
日頃の食生活にどれだけ食器を使っているか確認し、その平均数にプラスアルファでほんの少し持つ。一緒に食事をする来客が時々ある家はこの倍数

**☑カトラリー**
各2つあれば十分

**☑家電**
半年使っていない家電は不要

**☑雑貨**
過去3か月使っていない、ほこりをかぶっているモノは全捨て

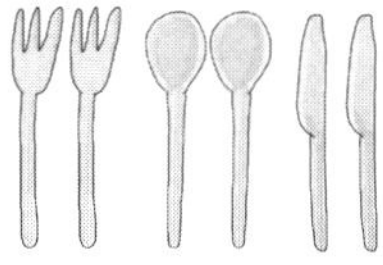

☑ **日用品**

梱包用品や電池、電球などは現在あるものそのまま

予備が残り1個になったら買い足す

☑ **電気製品の附属品（コードなど）**

何に使うのかわかるものだけ保管

何のコードなのか、何の充電器なのかなどわからない品は、わからないから使えないので処分

☑ **スーツ**

春夏・秋冬用各1着

仕事着用ではないプライベート用。プライベートでスーツはあまり出番がないので各シーズン1着で十分

**☑バッグ**

近所用1個、仕事用1～2個、お出かけ用2個、慶事用・弔事用各1個

機能性とデザイン性が揃って満足できるバッグというのは、いつも使っているはずなので、出番のないバッグは不要

**☑着物**

6枚

着用頻度や習い事などによるのでこれ以上持っていてもよい場合もあるが、場所をとるのと維持管理に手間がかかるので毎年検討するように

**☑下着**

7セット

下着は、消費期限を決めないと新しい品と古い品が混じり、数が増えがちになるため、期限時に総入れ替え（買い替え）を行う

## ☑衣服

部屋着上下＋トップス、春夏・秋冬それぞれ各2〜3着、普段着上下＋トップス、春夏・秋冬それぞれ各3着、仕事着上下＋トップス、春夏・秋冬各5着、冠婚葬祭等イベント着、春夏・秋冬各1着

衣服はコーディネートしやすい上下にトップスをそれぞれ買って組み合わせると10通り以上になるので少ない数でも十分機能します。たくさんあるのに着るものがないというよりもずっといいです。

また、年をとるごとに、
・着やすい、着心地がいい
・軽い、締め付けがない
・お手入れがラク
といった素材も重要になります。

たくさんあるからオシャレなのではなく、似合うものを着るとオシャレに見えるのです。50代以降は昨年まで似合っていた服が今年は何だかしっくりこないということがあります。

だから、いつか着る、そのうち着る、もったいないからとっておいても出番は一生こないと思ってください。

これは現在の整理です。毎年時期を決めて見直し、今から少しずつ減らしていきます。

# 暮らしの中で
# モノをダウンサイジング
# していくコツ

片づけられない人にとっては、なかなか習慣づけが難しいと思います。ここでは、シンプルにモノを減らしていく小さなヒントをまとめてみます。できることからちょっとずつ試してみてください。

## ✧カトラリーはもらわない

自宅に持ち帰る際の買い物では、コンビニやスーパーで箸やスプーンなどはもらわない。

自宅で食事するなら箸やスプーンはありますよね。もらってきてとりあえず引き出しにしまっては増えるだけです。プラスチックのスプーンや割り箸は洗って再度使うこともできるもの。それを使い捨てでどんどんゴミに出してしまうのは環境の観点からしてもオススメできません。

## ✧箱や缶、瓶はとっておかない

いただきものや自分へのご褒美で買ったお菓子などが入っていたキレイな箱や缶、ジャムなどが入っていた瓶。可愛い形やデザインが素敵で、丈夫そうだからついとっておきたくなるでしょう。しかし、そこはガマンして手放すこと。

とっておいて何に使うか、というのがすぐに思い浮かばなければ惜しいかもしれませんが手放しましょう。

## ✧日用品の買いだめはしない

安いからと日用品を買いだめしてしまうクセを手放すようにしましょう。

知人の両親亡き後の実家に箱とポケットタイプのティッシュが山のように残っていたそうです。一人娘だった知人はこの先の自分の人生でも使い切れる自信がないくらいしまってあったといいます。職場や介護事務所に寄付をしたそうです。

何でも適量が大事です。現状たくさんあるという人は、鞄にいつもポケットティッシュを入れ、自宅でも使うよう意識してくださいね。

## ✧旅先から持ち帰らない

旅先のホテルでつい持って帰ってくるアメニティグッズ（シャンプーやブラシなど）。

旅行や温泉に行く時に使うといってたくさんとってありますが、旅行に行くとまた持って帰ってくる、温泉に行けばシャンプーやブラシはある。結局、使う機会がなくどんどんたまる一方です。

気づけば何年前のものかわからない品がたくさん。アメニティ関係は持って帰らない・今ある分は手放すようにしていきましょう。

## ✧「マイ」〇〇を持つ

マイバッグ、マイボトルを持つようにする。ちょっと買い物をしてはビニール袋や紙袋を購入していると、たかが1回5円、10円ですが、たまります。また、ちょっと喉が渇いたからとコンビニや自販機で購入する。これらの金額もバカになりません。「ちょっと」「ついでに」という感覚で買い物をするのを見直すと不要なモノが溜まりにくいのと同時に無駄遣いが減ります。

環境にも貢献しますから、マイバッグ、マイボトル、マイ箸などは常に持参を。

## ✧ビニール傘

ビニール傘もマイバッグと同じくちょっと天気予報を確認して、折り畳み傘を持つようにすれば買わずにすみます。実は、物あふれでお金がない家の玄関には大量のビニール傘がありがち。

そして世の中のいたるところにビニール傘が置きっぱなしであったり、置き去り、捨てられていたりします。なんだか運気的にもよくない感じがします。

予報外の豪雨は仕方がありませんが、準備不足で同じモノを何度も買わないよう、計画性を持つようにしましょう。

## ✧アクセサリーや小物は年齢とともに絞る

アクセサリーやストールなどのファッション小物は、オーソドックスで質の良いモノを購入し、他は手放す。洋服のコーディネートにアクセサリーやスカーフ、ストールなどをプラスするだけで違うイメージになります。そのためファッション小物があることで、洋服は少なくても毎回違ったコーディネートを楽しむことができます。

しかし、ネックレス同士が絡まって外せないくらい持っていたり、何年も何十年もしていないイヤリングやピアスなどを持っていたりしても使っていなければ、持っていないのと同じこと。

ひと目で選べるくらいの数に絞りましょう。

## ✧ラクなものだけを選ぶ

手間のかかるものは持たない、買わない。この先、どんどん動くことや考えることが億劫になってきます。億劫になるとゴミ屋敷の始まりですから、アイロンがけをしなければいけない、毎回クリーニングに出さなければいけない衣服や、ホコリの入ったケースをきれいにしなければいけないサイクロン式掃除機などは選ばないほうが無難です。

私の母は、いろいろ使って結局は、二層式洗濯機と紙パックの掃除機がいちばんラクだと愛用しています。

## ✧配布される物、いただき物は受け取らないようにしていく

配っているものや友人や知人がくれるというものはつい受け取ってしまいがちですが、ちょうど買おうと思ったもの以外は受け取らないように意識づけましょう。これからは、使うかどうかわからないものを家の中に入れないようにしていきます。

もらってしまうと、ついいろんな感情が入り交じってとっておきたくなるのです。受け取らないようにしていれば、そのうち友人、知人も理解して、くれなくなります。

## ✧大量に要らないもの

買ったものに付いてきた輪ゴム、安全ピン、ビニタイ、ボタン…など小さいからとりあえずとっておいて、ものすごい量になっていませんか？

小さな容器に入る分だけにしておかないと家の中のあちこちから出てきます。持っている数と反比例して使う数はごくわずかです。「もったいない」と思うかもしれませんが、10個〜20個あれば十分です。

## ✧化粧品はマストのものに絞る

ほとんど使っていない化粧品やメイク道具をたくさん持っているとドレッサーや洗面台が埋まっていきます。どれが使っていて、どれが古いものかさえ、だんだんわからなくなってくるため、いつも使うものを厳選して残しましょう。年をとると厚化粧や若見えメイクは見苦しいもの。部屋も化粧も引き算が美しいのです。

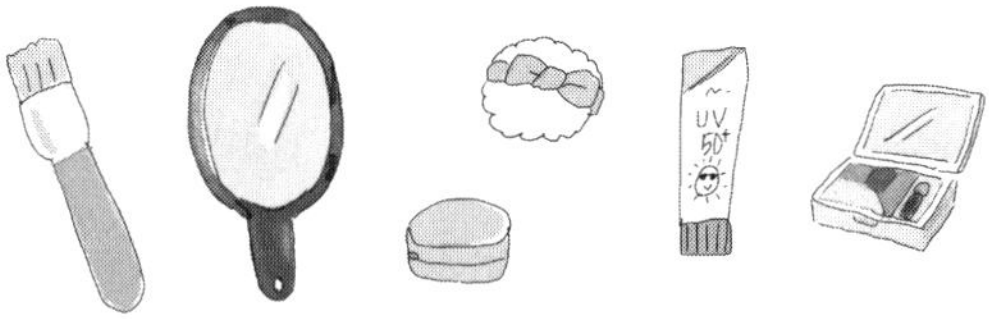

## ✧洗剤は少なくていい

多種多様な掃除用洗剤を置いている家がありますが、プロじゃなければ、そんなに使い分けて掃除をしていないと思います。洗剤がたくさんある家の片づけに入って思うのですが、洗剤を捨てる時はどんどん排水口に流していきます。下水処理はされますが、気持ち的に川や海に若干でも混じっていきそうな感覚になります。

洗剤は使い切ってから次のものを購入して、使い始めてほしいです。

## ✧文房具は見ない、買わない、持たない

昨今、スマホやパソコンが当たり前になって文房具というものをほとんど使わなくなりました。でも、かわいいからつい買ってしまう気持ちもわかります。

でも、これから先いったい何本のペンや何個の消しゴム、クリップなどを使うのでしょうか。本当にわずかで十分だと思います。不足したら買い足すでも十分ですよね。

文房具はかわいいし、小さいから見ると欲しくなります。つい買いがちな人は、いっそ売り場には近寄らないようにしましょう。

## ✧割高でも 少量パックか単品を購入

安いからとまとめ買いをして失敗するのが生鮮食品です。まとめ買いをして食材を無駄にしたことはないですか。

同じ価格なら質のいいものを選んで。それだけでちょっと自己肯定感もあがる気がしませんか。高いもの、質の良いものを買える自分ということに。

安いものばかり選んで買うと無意識に「私は安いものしか買えない価値の人間」という価値観を刻んでしまうことに…。

## ✧キッチングッズは いつも使っているもので十分

ネットやSNSで紹介される便利グッズ。よさそうなので買ってみたい気持ちになりますが、たとえ便利でも年齢的にいつもの習慣が勝ってしまい、便利グッズは結局使いこなす割合が低いもの。するとそのグッズはやがてどこかにしまいっぱなしになります。

新しいグッズには手を出さない。同じような役割のキッチングッズはいつも使っている自分にとっての定番だけを残すようにしていきましょう。キッチンがスッキリしてきますよ。

## ✧食料品は月末までに食べきる

高齢者の住まいへ伺うと食品がたくさんストックされています。８割がた賞味期限が切れているものばかりです。

年をとって大食いな人ってほとんどいないように、どんどん食が細くなってきます。祖母が80代のころに一人分の食事を作るのもおままごとみたいな量なんだよと笑っていました。そんな量で足りるのに昔のままの感覚で買い物をしていたら食材は減りません。

毎月、たとえば下旬から月末にかけてとか給料日前の１週間くらいにかけてとか期日を決めて、できるだけ買い物をせずに食べきる。そして、終わったらまた買い足すようにしていくといいですね。

年をとったら毎日、散歩代わりに明日の食材を買い出しにいくのもいいかもしれません。

## ✧小さな醤油やタレをとっておかない

冷蔵庫のドアポケットや棚などのあちこちにお弁当や納豆、お惣菜についてきた醤油やソース、タレなどがたくさん入っていませんか。こういった小さな醤油やタレなどにも賞味期限はあります。期限切れを大量に冷蔵庫にためこまないこと。使うなら、日々の料理に使っていきましょう。

## ✧調味料は定番のみに

片づけに伺うとキッチンのあちこちから調味料が出てきます。冷蔵庫にも多々入っています。日ごろの料理は、ほぼ同じレパートリーの繰り返しだと思います。ならば、使う調味料もほぼルーティンで同じはず。

いつも使う調味料だけしか買わない。いつも使う調味料は、必ずいつも同じ場所に置き、ストックもいつも同じ場所だけに置く。置ける分しか買わない。そうすることであちこちに点在するのを防げるし、無駄買いも減ります。

キッチンに置いてあるモノを減らしていけば、スッキリして家事がしやすくなるし、食費も減ります。

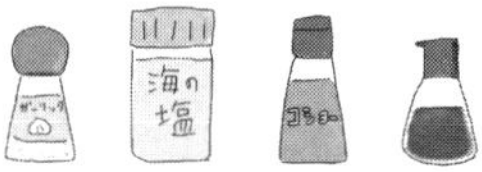


## ✧靴下はシーズンごとに7足

靴下を大きな衣装ケース1つ、2つと持っている人がいます。足は2本なので、そんなに一生かけて履ききれませんね。

春夏・秋冬用各1週間分の7足ずつあれば十分だと思います。スポーツをしている人はそれも追加してOKです。破けたりしたらその分を買い足すという繰り返しをしていけば十分でしょう。

## ✧着物

着物は収納場所をとります。しかし、着物好きには全捨てはちょっと心が痛みますよね。日ごろ和装をする人は現状維持で問題ないですが、１年に数回着るか着ないかという人は、訪問着と気軽な外出用の「これだけは」というものを数枚だけに絞りましょう。

帯や帯締めなども併せて絞っていきます。着物を減らすことに悩むと思いますが、年に１回〜数回着るかくらいで大量にしまいこめば場所をとるし、着物も傷んできます。

それよりも数を減らして、出し入れをしやすくしたほうが着る機会が増えるかもしれません。せっかくだからしまいこむよりも、数を減らして着て出かける楽しみを増やしましょう。

## ✧客用の品

来客用の食器や布団などを持っていませんか？　年を経てから家に上げるのは、気心がしれた人だけ。ならば、日ごろ使いの食器でもてなす。それで十分だと思います。

また、現在来客が泊まる機会がなければこの先はもっとなくなります。年をとって他人の家へ泊まるのは疲れます。遅くなっても自宅に帰りたい年ごろになりますから、来客用布団も思い切って処分してもよいかもしれません。

## ✧パンフレット、チラシ

観劇やコンサート、映画などに出かけるとついもらってくるパンフレット。また、見学に行った高齢者施設やマンション、窓口で手続きした銀行からもらったあれこれと紙物のパンフレットやチラシはすぐに増えます。

もらってもその日のうちに見なければ処分。もちろん「いつか見る」と思うものも処分です。古紙回収用の箱や紙袋はリビングのどこかに置いておくと処分しやすいです。

## ✧カレンダー

昔と比べたらカレンダーを配布している企業やお店は減ったものの、ついもらってしまうと5、6本はたまってしまいます。しかし、カレンダーは1カ所にあれば十分です。

リビングだけで数種類も貼っているお宅がありますが、壁をごちゃごちゃさせると散らかって見えます。カレンダーはお気に入りの1つだけを決めて、他はもらわないようにしましょう。

## ✧家事の手間を減らす

年老いた叔母や母を見ていると掃除や料理といった家事が少しずつ大変になってくるようで、掃除も徐々に四角いところを丸く掃くような感じになってきます。

モノがあればよけて掃除をするのが億劫《おっくう》になり、汚れが出てくる。そのモノ自体もほこりがかぶってくる。食器が多ければ洗い物も増える。毛足の長いラグがあれば掃除機をかけるのも労力がいるようになる。

これからは、ラクに家事ができるようなモノの選び方、残し方をしていくべきです。

## ✧CDやDVD

最近聴かないCDは処分していきます。ネット上で好きな音楽が聴けるようになったからです。ネットでの解禁をしていないアーティストのもののみ残しておくといいでしょう。DVDに関しても本体機器の販売が減少しています。こちらもネットで配信されているなら処分をして数を減らすといいですね。

## ✧本

本は、タイトルを見て内容が思い出せないものは手放します。印象に残っていないとか面白かったわけではないから、再び読むことはないと思うからです。また、ベストセラーなどは、読みたいと思った時には図書館や古書店で手に入るため、手放しても困りません。私は、書籍に付箋を貼るのですが、付箋がついていない、または数が少ない本は手放す目安にしています。

## ✧名刺やショップカード

名刺やショップカードは、すべてスマホのアプリやデータだけで残す。または、半年だけ保管しておいて、半年の間使わなかったものや思い出せない人の名刺は処分してもいいでしょう。

COLMUN

## 片づけと更年期

40歳を過ぎたら、四十肩・五十肩や老眼、膝や腰の痛み、更年期など次々と襲ってきます。もちろん、全然症状がない人もいれば、重症な人もいます。

そんなときは、片づけもいったんお休み。片づけをする時間より、お風呂にゆったり浸かる。横になる。ハーブティーや漢方を飲む。など自分を大切にすることを最優先にしましょう。更年期は動物でいえば、冬眠期だと思います。ひたすら春が来るのを待つように休んでおく。そして、春が来たら（治ったら）行動を開始しましょう。

その間は、具合が悪くてもできるだけ治ったらこれをしよう、こうしたい、という想像と希望を持つこと。焦らなくても、いずれは治まります。

ただ、休息期間みたいなものがある場合もあります。私はそうでした。何もできずにただ眠い。とにかく横になりたいという時期を経て、軽微なホットフラッシュと漠然とした不安に襲われた時期から落ち着いた期間があり、またちょっと不調がやってきました。

漠然とした不安の時は、絶対に不安に飲み込まれないこと。これは、ホルモンの仕業だから、何でもないと自分に言い聞かせたり、お笑い番組やハートウォーミングなドラマや映画を観たりしてやり過ごしたものです。今日は体調がいいな！と思う日に片づけを進めるとスッキリします！

ちなみに私の経験上、婦人科（できれば更年期外来）へさっさと行く方がひどくならないと思います。

# 第5章

# 老後の片づけにあたって、気をつけたいこと

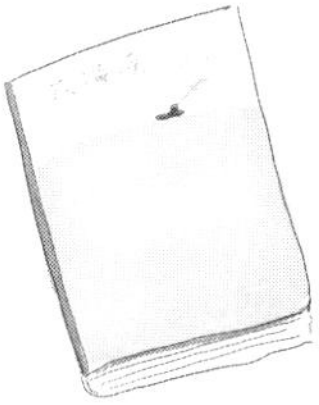

## モノを置く場所（定位置）から決めてみる

### 書いて、決める方法

住まいがコンパクトになっても暮らせるように、ある程度のモノの置き場所を確定し、置ける量だけを持つということを当たり前にしていきます。

少し面倒かもしれませんが、自宅の**収納間取り図**なるものを書きます。賃貸であれば、入居時にもらった図面があるとコピーして使えますね。図面上にクローゼットや押入れがあれば、そこに何をしまうか書きこみます。収納家具を置く場合は、間取り図上に家具の配置と何をしまうかを書きます。

さらに、別な紙に詳細な収納内容を書きます。

たとえば、図面上のクローゼット部分に「洋服」と書いたなら、別紙にはク

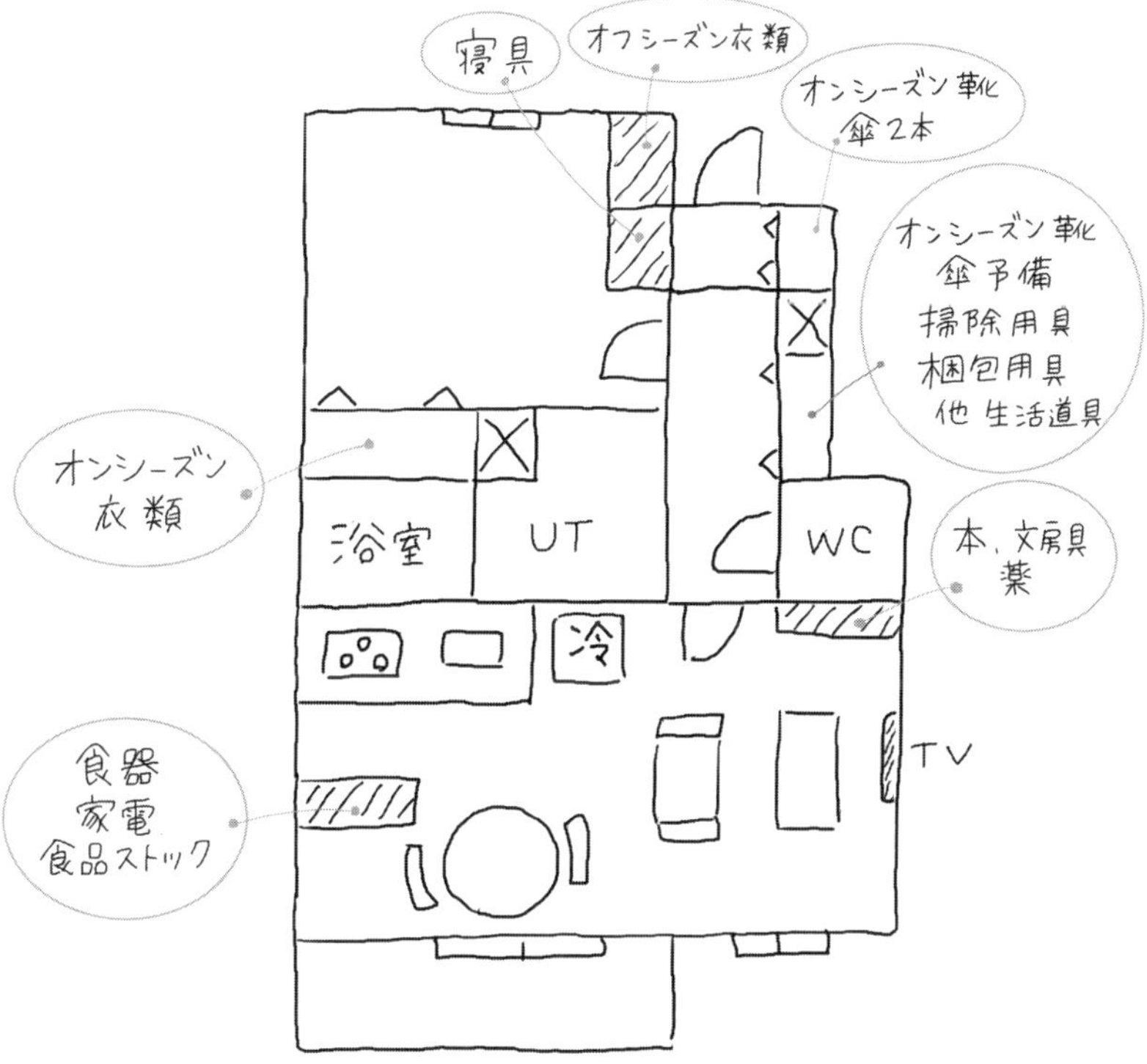


※　は市販の家具や収納

自分の部屋の収納間取り図を書いてみよう

ローゼットの全体図を書いて、下に下着、靴下を引き出し収納にしまうとか、右側はコートやジャケットをかけるといった感じに書いていきます。

スーパーの売り場のような感じでしょうか。全体図に野菜売り場コーナーと書いた後に、果物、葉野菜、根菜などと場所を決めていくというイメージです。

置き場所を書いたほうが、直接しまいながら考えるよりもスムーズに配置が決まります。

## 片づけで失敗する理由

片づけようとして、モノを拡げてさらに散らかってしまうのは、整理した後にしまう場所を決めていないから。**置き場所を先に決めておき、整理して、必要なモノを決めた場所に入れる。**不要なモノは袋に入れる。それで、進めていきます。

配置図ができたらそこに収納していくわけですが、このタイミングで収納品を考えたり、しまう量とスペースが合わなかったりしたら再度考え直します。ただし、使う場所の近くを定位置にすることを基本としてください。めったに使わないモノは最後に空いた場所で十分です。

# 高い場所の収納スペースはないものとする

## 危険な収納場所

多くの人は、収納場所があればあるだけモノを詰め込みたくなります。モノを多く持つ人は、収納でなくても、隙間や家具の上など、さらに床にもモノを置いてしまうほどです。

さまざまな収納の中で、特に高い場所の収納は出し入れが大変。高齢になると椅子や脚立を使って高い場所からモノを取り出そうとして転倒することがあります。家庭内での事故というのは、意外にも多いのです。ですから、キッチンの吊り棚や押入れの天袋などは危険な収納場所とも言えます。

また、高い場所の収納は、出し入れが面倒なため、しまったらずっとそのままという家も少なくありません。

## 開かずの場所になる可能性

以前、キッチンの整理に伺ったお宅で、「吊り棚に何をしまっていますか？」と聞いたところ「使わないモノ」という回答がありました。本人もはっきり言うくらい高い場所の収納は不便なのです。別なお宅では、大量の保存容器が合計100個近くも出てきました。

ほかにも、ある女性は押入れの天袋に30年ほど前の結納品をしまい込んでおり、当時の「するめ」や「昆布」が出てきました。さすがにとっておくとは言わず、「捨てますね」と笑っていました。

多くの家庭では、天袋やクローゼットの高い位置の棚、キッチンの吊り棚などには、しまいこんで忘れていたモノやなくても大丈夫なモノなどを収納しています。使わないモノ、忘れていたモノなどは、最初からないモノとして処分します。

そして、**高い位置の収納は、収納自体がないものと考え、モノを置かないようにすべきです。**

# 災害や不意の出来事で困らないための収納

## おひとりさまは災害時に困る

いつ起こるのか、また生きているうちに起こらないかもしれないし、明日かもしれない災害。「いつか使うかも」というモノは処分しても困らないけれど「いつ使うかわからない」というういざという時のモノは、もしかしたら一生使うことがないかもしれないけれど、必須です。

定期的に大きな災害があり、その度に何があったほうがいい、こんな不便なことがあったなどという情報が出ていますから、その情報を都度自分の中で更新して装備品を入れ替えておきましょう。

そして、いざという時に、瞬時に持ち出せるようにするためには、**玄関先に避**

**難グッズが収納されていることが望ましい**です。使用頻度が少ないからと押入れや納戸にしまいこんでいたら、突然の持ち出しに対応できません。

## 寒さ対策も必須

特に寒いエリアでは、冬場も想定して暖をとるためのグッズなども入れておくと大きなリュック１つ分にはなるでしょう。玄関付近にその量を収納できる場所を選び、そのスペース分に入っていたモノを整理するか他の場所に移動させます。そのためのモノの整理が必要になってくるのです。

また、そういったモノが入っている扉の前にモノを置かない。扉がすぐに開かないなんてことがないようにします。

このほか、眼鏡をかけている人は常に決まった場所に眼鏡を置く習慣にする。携帯電話やスマートフォンはこまめに充電しておく、就寝前を含め常に定位置に必ず置いておくなどと万が一を日々想定して準備を怠らないようにしましょう。

# ヘルパーさんなど外部の人でもわかる収納に

## 他人も自分もわかるようにラベルを付ける

おひとりさまの場合、何かあった時に身内または他人が家の中に入ることが想定されます。その時、介助や入院などに必要なモノがすぐわかるようにしておかなければなりません（これは、親の住まいにもあてはまります）。

また、費用を払っての手伝いは、たいがいは時間制です。その時間内にスムーズに手伝ってもらうためには、必要なモノがすぐ出てくること。そうすると、してほしいことがしてもらえます。

しかし、どこになにがあるかわからない、床までモノだらけの住まいならば、時間内にしてもらえることは限られるでしょう。もしくは、見つけられないのでできませんでした、という可能性もあります。

誰でも、自分でもわかるためには、定番ですが、ラベルを貼るのがいちばん効果的です。出す時も、しまう時もわかりやすいので。

## 大きな分類と細かい分類に

カテゴリーに分けて大きく収納し、細かい収納にラベルを貼るのです。具体的には、たとえば、クローゼットに衣類というのが大きな収納で、引き出しなどに下着、靴下などを分類するというのが細かい収納のこと。その分類をして、それぞれをしまった引き出しにラベルを貼るのです。

大きな収納のカテゴリーが1つになっていないといくらラベルを貼っていても、探し出すのは大変です。あっちの部屋に下着、こっちの部屋に靴下とバラバラだと宝探しのようになってしまいます。

また、定位置の項（162ページ）で紹介した住まいの中の収納の配置図をどこかに貼っているとなおのこと、誰でもよりスムーズに見つけることができます。

大きな分類と小さな分類の例

# 紙類はためこむと重くなる

## 高齢になると持てなくなり、捨てられなくなる

紙類は本だけではなく、雑誌やカタログ、新聞、チラシなどをためこむことによって、どんどん重さが増し、捨てたり、資源回収に出したりするにも重くて運びたくなくなります。

ですから、紙類は、軽く持てるくらいでこまめに出すようにしないと後々大変です。

20リットルのゴミ袋でさえ、紙か布だけがいっぱい詰まっていると重く、力のない高齢女性だとゴミ集積所に運ぶこともためらうでしょう。

私が伺った散らかり具合がひどい高齢者のお宅は、紙類と布類（衣服）が自宅

のほとんどを占めていました。生ゴミなどは臭いがひどくなるため、こまめに捨てているようですが、布や紙類は使おうと思えば使えますから「捨てるには惜しい」と、とっておき、山積みになってきてからどうしようと悩んでしまう……。

## 保留にしている間にもモノは増えていく

そして、悩んでいる間にもまたモノは増え、重いし、どこから手をつけていいかわからないために状況は悪化していくのです。最悪、何か火の元になるようなものの近くに紙類が多々あれば、燃え移ることが懸念されます。高齢者の家の火災が多いのも、火が燃え移りやすい環境に原因があるのではと想定されます。

**紙類は、軽いうちに捨てる・資源回収に出す。これを絶対に習慣化**していきましょう。

## 「丁寧な暮らし」こそ、贅沢《ぜいたく》な暮らし

### セカンドライフには今までできなかった暮らしを

今までにできなくて、セカンドライフにしたいことのナンバーワンって、実は「丁寧な暮らし」ではないでしょうか。

丁寧に暮らしている方の住まいはモノが出ていません。ずっと片づけたい、スッキリとした住まいで暮らしたい、丁寧に1日を過ごしたい、そう思っていながら実現できなかった。このことこそが、本来のしたかったことではないですか？

私もそうだと思います。

ミニマリストではないけれど、モノを定期的に整理していますが、仕事や人付

き合いなどで日々忙しい。だから、季節ごとの行事を大切にしたり、植物の手入れをしたり、繕い物をして服を整えたり、というそんな暮らしができたならば、と常々思っているのです。

## 贅沢な暮らしとは

よく、老後は何をしたい？ 仕事を辞めたら何をしたい？ という話になると旅をしたり習い事をしたり、好きなことをやりたいといった非日常が思い浮かぶもの。

しかし、仕事を辞め、お金がいっぱいあったとしても、死ぬまで非日常だけで過ごすことはできません。

働く多くの人にとっていちばん贅沢であり、長い間夢だった暮らしとは、「丁寧に1日を過ごすこと」。そのためにも生活に必要なモノだけを選び、残す。そして、きちんと収納に収める。これが、今から始めるべきことなのです。

# 何年も片づけができていない人は、思考のクセを要チェック

## 片づけは多くの人が持続できないこと

今までいろんな片づけ本を読んだり、ネットに書いてあることをやってみたりしたけど、なかなか片づかないという人は、自分の思考のクセを変えてみることを試してほしいです。

「今度こそ」と思って続かないことベスト5に入っている片づけは、他の続かないことである英会話やダイエットと根本は同じ。

誰にでも当てはまるたった1つの方法なんて、ないからです。人それぞれに合った方法があって、それにあてはまった時に英会話もダイエットも片づけも上手くいきます。

ダイエットの場合、私は「食事制限」とか「食べ順」「断食」とかは全く効果がなかった。「運動」系が効を奏しました。食べたいものを制限なく食べたいから続かない。でも、運動は続けられる。


つまり、食事系は成果が出ず、運動系は成果があったわけですが、その逆という人もいます。運動は嫌いだけど食事なら制限できるという人。

また、運動でも筋トレなどが得意で有酸素運動は好きじゃないとか、その逆もしかり。それぞれに合う方法が、長続きできるので、結果成功するのです。

## 方法を何種類も試してみる

片づけに関して、今までやってきた方法がだめなら、次の方法を取り入れる。それがだめなら次、とやり方を変えてみてください。ずっと同じ方法で頑張るという思考を変えて自分が継続できる方法を見つけてほしいのです。

拙著『ずっとキレイが続く　７分の夜かたづけ』（青春出版社）を読んで、夜ならできる！　と実践して続いているという話を教えてもらいました。その中でだいたい7分前後の曲（自分が好きな）をかけて、その曲の間だけ片づけるという手法が私にはピッタリでした！　と感謝されたのです。

片づけって、何時間もかけてやるというイメージですが、毎日7分でいいという切り替えで成功したわけです。

# 見えないクラウド世界の整理

## パスワードをメモしておく

昨今、故人のスマホのロック解除ができないという問題が数多く出ています。特に顔認証、指紋認証の場合は絶対にムリですよね。それを考えたら、パスワードは英数字にしておくことをオススメします。

また、自分のためにも何かに登録したら都度書き記しておくことがよいです。パスワード専用の手帳かノートを用意して、新しい登録やリセットしたパスワードなどを記録します。ネットバンクなどお金に関するパスワードは本人以外は操作してはいけないので書き残さなくてもいいと思いますが、ちょっと使わないでいると忘れてしまいますよね。

今の世の中、どんどんネットやアプリでの登録が主になってきており、何か買いたい、参加したいと思ったら必ず登録しなくてはなりません。そんなことをしていたら、結果私のパスワードメモは150を超えていました。

一応、五十音順・アルファベット順に記載していたのですが、途中から予想枠が足りなくなり、新たに順番で作成中です。

## 使っていないサイトやアプリの削除

この先も増えていくはずですから、時間を見つけてちょこちょこ整理していくべきです。

1回買い物したけどそれ以降開いてもいないサイトや、何のサイトか忘れてしまったものは、今後使用するか否かを考えてどうするか決めましょう。

人は面倒くさいと買い物を途中であきらめやすいです。買い物が多いという人は、面倒くさくするためにも登録したサイトを一度解約するのもいいでしょう。余計な買い物が減りますよ。

アプリはすぐにインストールできるので、しばらく活用しておらず、不便がないものは削除してしまうことがおススメです。しばらく使っていないものは、日常の習慣に入っていないということ。活用していないものは不要です。

## ネットバンキングや証券口座などお金に関するもの

この先、紙の通帳や紙の契約書などはほぼ消滅するはず。そうなると、今よりネットでの需要は増え、パスワードなどの管理も増えていきます。

預金が数千万円以上ある人は、複数の銀行に預けなければならないため（現状では、銀行に何かあった場合一人１０００万円まで保護される）、複数の管理が必要になりますが、そんなにないという人は、１行か2行とだけの取引でよいのではないでしょうか。

今後、口座管理料というものをとられる可能性もありますし、数が多ければ管理も大変になってきます。

そして、万が一の場合、このお金はどうしますか？

たとえば、認知症になった場合、生きていくためのお金は必要ですが、自分では引き出し等ができないとなった場合に、後見人など誰か依頼する人や機関が必要になってきます。その辺りも今のうちに調べておくといいでしょう。

とりあえず、銀行口座や証券口座などは整理し、パスワードなども書いて、まとめて管理しておくべきです。

## SNSやメール

この年齢になると年上の友人知人はもちろん、年下の40代の友人知人も突然逝ってしまうことが増えてきました。

その時にSNSで知ることもあります。身内の方が逝去後に「生前はお世話になりました」という投稿をされるのです。そして、1か月後にこのアカウントは削除いたしますという連絡も。

もちろん、亡くなった本人がSNSをしていたということに身内が気づいていなければ、そのまま永久に放置ということにもなります。SNSは、乗っ取りなどをする人がとても多いために、放置していれば、故人の名前で悪さをされます。自分のアカウントが悪さをするために利用されてしまうのです。

自分が死んだ後のことまで知りません、というのならそのままでいいですが、人様に迷惑をかけるのはちょっと……と思う人は、こちらもしっかり何に登録していて、IDとパスワードはこれという記録と、削除してくださいとか亡くなったことを報告してほしいなどの伝言も一緒に残しておきましょう。

このほか、入会だけして、活用していないサブスクなどもこの機会に整理することで、月々のお金が浮きますよ。

# 老後の暮らしとお金の話

## 丼勘定は部屋が散らかっていることと同じ

老後2000万円問題と言われていますが、暮らしていけるのかさえ不安なのに旅行やイベントにお金なんて使えないと思う人もいるでしょう。

残りの人生でやりたいことをお金の問題ですべてあきらめるのは悲しいこと。でも、お金には限りがあるので、人生の計画に必要なお金をどこまで用意できるのか、きちんと調べておくことが必要です。

まずは将来もらえるお金と現在あるお金について把握する。

現時点で年金はいくらもらえるのか。

退職金は出るのか。出るのならいくら出るのか。

現在の預金や老後の満期保険はいくらになるのか。

など。

そして、収支をきちんと整理しておくこと。**たった今から丼勘定は絶対にしないでください。**

モノだらけで散らかった家に住んでいる人のほとんどは丼勘定で、家計簿的なものをつけていないし、支出がいくらあるのかもわかっていません。

まずは、現状の支出をきっちり把握し、ムダな支払いなどを整理して、お金を浮かすことをしてみます。

保険の見直しをすること。

貯金がある程度ある人は貯金以外に運用すること。

借り入れがある人は、残債がどれだけあって、いつ終了するのかを再確認すること。

光熱費や通信費にムダがないか。

家賃は高すぎないか。
クレジットカードを使い過ぎていないか。
サブスクはきちんと活用しているか。
引き落としだけされて通っていないジムや習い事はないか。
すぐコンビニで買い物をすまそうとしていないか。

利用していないサブスク料金や通っていないジムなどの月額料金だけでも数千円になるはず。これらを今から解約して、その分を投資に回しておけば、10年後、20年後には数か月分の生活費または海外旅行代金になります。

## カード類、口座などを絞る

あと、銀行口座やクレジットカードがたくさんある人は、数を絞るように整理するといいでしょう。

クレジットカードは1枚で十分。1枚のカードに集中することでポイントが貯まります。ポイント還元率が高く、年会費がないものがおススメです。フリーランスの方は、仕事用と分けて持っていたほうが管理しやすいでしょう。

銀行口座は、支払い用と収入用と貯蓄用があれば十分。もちろん1口座にまとめても管理しやすいですね。貯金はインフレなどで目減りの可能性もあるし、引き出してしまうこともあるので全額を貯金するのではなく、投資や運用に分散するよう検討してください。

10年ほど前に伺ったお宅の話です。

ムダ遣いが過ぎて老後の家計にゆとりがなくなった70代前半の女性。家の中すべてに膝上までにモノが積み上がり、けもの道のような状態が各部屋をつないでいました。

キッチンの高さにまで積み上がったゴミやモノ。キッチンの上も同じような状態ですから食事は3食外食ないしコンビニで買ってきた弁当。

座って食べるスペースがないのでどのような状況で食事していたのかは謎ですが、食費は自炊している人と比較したら割高になっていたと思います。

また、必要なモノが見つからないから、家の中にあるはずなのに購入することがよくあると言っていました。

その女性は、50代くらいまではこんなにモノだらけではなかったと言います。でも、気がついたらこんな感じになっていて、どうしようもない状況になったと。当時は買い物が日々できるお金はあった。だから買い物をして、モノはあふれ、住まいはゴミ屋敷へと変わった。しかし、70代になった現在、金額を気にしないで買い物ができるお金もなくなり、本当は食費も抑えたいところで、3食を2食にしようかと悩んでいたらしいです。

家にモノが大量にあるという人は、それだけのお金を使ってきたということ。だから、「もったいなくて捨てられない」ではなく、「これ以上ムダな買い物をしない」ためにも捨ててリセットすべきです。

捨てられないと「もうムダ買いはしない」という決心がつかないのです。なぜなら、環境が何も変わらない状況で自分が変わるというのは難易度が高いから。

お金を貯めたい、残したいのなら、全捨ての覚悟で手放してください。

世帯年収1000万円～1200万円未満の貯蓄額調査では、貯金100万円未満の世帯が全体の17・5%もいるそうです。また、25・2%である4世帯に1世帯が300万円以下という調査結果に（金融広報中央委員会「家計の金融行動に関する世論調査」より）。

どうやら収入が高いから老後は安心というわけではないようです。給与や所得があるうちにいかにムダな買い物をしないか、ムダな出費を抑えるかということが、自分が描く老後のロードマップを実現できるか否かに関わります。

# 年をとれば収入は減る。今の買い方を続ければ赤字は確実

## 家計の整理、見える化をする

今は働いているから多少無駄買いしたり、バーゲン品や福袋などを買ったりしてもいいだろうと思うかもしれません。でも、定年退職し、給料が入らなくなってから急にお金の使い方を抑えられるかと言うと、ほとんどの人は変えられません。

収入のうちの何割で生活をする、支出すると決めて現在生活をしている人は大丈夫ですが、カードで適当に買い物をしている人は、その使い方から抜け出すのに長い年月がかかります。定年退職をしてから長い年月を要せば預貯金はすっかりなくなっているはずです。

定年間近のある女性はカードを日々使って、給料の大半が支払いに回っていま

した。収入が高い方なので、ためらうことなく高額なブランド品の買い物を日々したり、読まないのに雑誌や本を気分で大量購入したりする。近くてもタクシーに乗る。そんな生活でしたから、当然家の中もモノだらけ。

キッチンもモノであふれて機能しないような状態で、食事は3食外食とデパ地下のお惣菜でした。また、洗濯もできないくらいユーティリティが段ボール箱やその他のモノであふれていたため何でもクリーニング。下着だけはクリーニングに出すのが恥ずかしいと都度購入していました。

しかし、定年になり、退職をした後にそのままのお金の使い方をしていれば、すぐに破綻してしまいます。

## 気づいた時には残っていない⁉

お金の使い方について、こんな言い方をしている経営者がいました。

「底が抜けている樽よりもタガがゆるんでいる樽のほうが怖い」

底が抜けているとは、入ってきたお金を全部使ってしまう。つまり、ギャンブルなどで一気に使ってしまう人のことを指しているようで、タガがゆるんでいる人の使い方というのは、財布の紐がゆるいのと同じで、ちょびちょびずっと使うこと。底が抜けていれば、樽に水が溜まっていないことが一目瞭然ですが、タガがゆるんでいる場合は、溜まっているように見えて、実は流れて溜まっていなかったという。あると思ったのに気づいたら何もなかったということで、打つ手が間に合わない危険な経済状況を指すそうです。

貯まれば使う。その繰り返しが結局、ゼロということ。

特にクレジットカードや電子マネーは目に見えてお金が減っていく感がないため、ムダ使いしやすいのです。

お金持ちは、コンビニで飲み物を買わないと言いますが、お金が残らない人は、100円くらい、300円くらいの積み重ねが、タガがゆるんでいるという状態なのです。

家の中がモノだらけという人は、今すぐにお金の流れをしっかり把握しないと老後の暮らしが危うくなります。モノが多いイコールお金が出て行っているということを理解しましょう。

# 今から習慣にしておきたいこと。モノとお金の関係

## 在庫管理は必須です

いつもの積み重ねが未来。それはいい意味でも悪い意味でもあてはまります。不健康な生活の積み重ねはやがて体を壊すことになるし、体に気を使って過ごせば1日でも長く健康で過ごすことができます。それと同じくして、欲しいモノを感情のままに購入し、もったいないからととっておけばお金も減るし、モノで埋まったゴミ屋敷にもなっていきます。

お金の使い方を見直さないと老後はどうなるのだろうと言う方はとても多いです。モノが増えてゴミ屋敷になるかもということよりも、金遣いというのは、短期間では決して直らないから、定年後には支出が収入を上回ることが心配です。

これからの人生においてモノを増やさないように意識して暮らしたいもの。増

やさないということはお金の使い方も考えるきっかけになります。そして、増やさないためには、「在庫管理」。つまり、何をどれくらい持っているかわかっておくことが大事です。

冷蔵庫に何が入っているかわからないでスーパーに行くと、あれなかったかも、これも買っておいたほうがいいかな？　と思っていろいろ買ってくる。そして、冷蔵庫にしまおうとしたら「まだあった」「残っていた」などとなり、食材をムダにしてしまったことありませんか？

それと同じで、どれくらいあるのかわからないとムダにモノを増やしがちになるのです。

片づけ宅に伺うと、パンストやタイツがあちこちから大量に発見され、10年は買わなくていいと思われる事例や、同じような洋服が包装されたままあちこちの衣装ケースに入っていたりする事例がよくあります。

こうならないためにも、**何がどれだけあるか一目で把握できるように、同じモノは必ず1か所にまとめてしまっておくこと。**

また、決まった場所にモノをしまう収納位置も重要。ラベルを貼るのは面倒かもしれませんが、ほとんど使わないけれど重要なモノなどはどこにしまってあるか書き記したノート（終活手帳など）を活用すべきです。

なぜなら、ごくたまにしか使わない重要なモノはしまいこんでいる人がほとんどです。そして、年をとるにつれ記憶力が乏しくなってきます。特に感覚で覚えている人は要注意。

実は先日、個人の印鑑証明カード（市で発行している印鑑証明書をとる際に必要なカード）を10年近くぶりに使うことになり、「はてー?」と考え込みました。契約などに必要な重要なものなのでしまいこみすぎ、さらに50代を超えると10年近く前のことなど思い出せないのです。重要だし、盗難にあっては困ると思い、印鑑と重要書類は一緒にせず、わざとバラバラにしまっていました。

何とかカンで思い出せましたが、これからは自分のカンや記憶を信用できなくなるし、万が一の際に誰かがわかるようにしておかないと……と痛感しました。

自分のために1冊のノートを用意して、いろいろなパスワードやしまった場所を忘れてはならないものを五十音順ないしアルファベット順で必ず書く。移動した場合も忘れずに移動した先を書き記し、家計簿や通帳など何か大事なモノと一緒の場所にしまっておきましょう。

注意してほしいのは必ず1冊にまとめるということ。パスワードはこれ、重要なことはこれ、と分けて書いていくと、あいまいなことを探す時にどのノートに書いたかわからなくなるからです。

この1冊を見れば何でもわかる！　という「魔法のノート」にしてください。

また、書くという行為は意外と頭に残るため記憶の引き出しに入れておく有効な手段でもあります。このひと手間がきっと5年後、10年後の将来の自分を助けることになります。

第6章

# 楽しいおひとりさまライフにするために

# 優雅なおひとりさまライフが現実に

## モノをどんな理由で持っているか

食器をたくさん持っている女性は多いですが、毎回違う食器を常に使っているという人は一体どれだけいるのでしょうか。私が伺ったお宅の100%は、いつも同じ食器を使用していました。それも使いやすい食器ばかり。高価で良い食器はしまいこんだままです。

結果、高価で良い食器はなくても暮らしていけるということになります。でも、高価で良い食器は「いざという時」「何かの時に」としまいこんでいるのです。

しかし、その「いざという時」「何かの時」は、十数年ないし数十年訪れてはいない。実は、何かの時にというよりは「もし、割ってしまったらもったいない」という思いが奥に隠れているはずです。使って愛《め》でる、楽しむよりも「損をしたくない」気持ちが勝っている。

つまり「いつか使うかも」「何かに使えるかも」「想い出だから」「もらったものだから」「もったいない」「高かった」そんな理由で持っているのです。

## 損得ではなく、心地良いかどうかで考える

楽しいシニアライフを過ごすには、「損をしたくない」という気持ちより、高価な食器でゆったりと朝食をとる自分を想像してください。片づいたキレイな住まいで、花が飾られたダイニングテーブルで、高価な食器にキレイに盛り付けた料理。窓の景色を眺めながら、ラフだけどオシャレなファッションで、背筋を伸ばして、朝食をとる。映画「ティファニーで朝食を」のような気分で。

そんな気分で食事をとったほうが、毎日気持ちが豊かになる気がしませんか？目玉焼きとトースト。豪華な食材はないけれど、食器と盛り付けでホテルの朝ごはんみたいになる。

そちらの暮らしを選びたいと思いませんか？

だから良い食器は使っていくようにして、他は減らす・手放すことを実行してください。モノに対して「もったいない」とか「損をする」という考え方を手放し、モノによって日々テンションがあがる暮らし方にシフトしましょう。

# この年齢だから片づけておかなければいけないこと

## 両親、家族、自分自身のお墓問題を片づける

友人、知人たちが気づけばどんどん還暦を過ぎているこの頃、お墓や埋葬についての話題が増え、時折どうする？　となります。

### 親のお墓をどうするのか

これは、霊園が遠くにある場合、自分の足腰が弱くなった時に墓参りに行けなくなるのでどうしようかという話です。

70代のある女性は、車の運転ができず、夫亡き後は、車いすの母を連れてタクシーで行っていたが、遠いし、ちょっとした段差も大変。だから、街中のビルの

中にある納骨堂に移設したそう。

墓じまいというのは、結構手間とお金がかかるそうです。

特に地方で、先祖代々の墓が複数あると尚さら、整理に時間や費用や移転先を見つけるなどの労力が大変になります。

お子さんがいる場合は、自分の代で整理をしないと、すべて子どもに負担をさせることになります。

最近、私の父の霊園でも同じ区画にあったお墓がちょこちょこなくなっています。墓じまいをしたのか、移設したのかはわかりませんが、そのうち郊外の霊園も閑散としてくるのではないでしょうか。

また、関東圏にある祖父母のお墓も長男の叔父が亡くなり、次男の叔父と母は北海道。高齢の叔父と母。この先祖父母のお墓はどうなるのだろうと思います。

## 自分の遺骨や墓をどうするか

子どもや甥、姪などの身内がいない女性は、自分は共同墓地に入れるようにすでに手続きをしたと言います。また、友人は母親から自分が亡くなった後は、お父さんと一緒の墓に入れないでほしいと頼まれたそうです。今は、死後離婚というのも増えてきており、最後は「おひとりさま」でゆっくり眠りたいという希望があるのでしょう。

親と一緒の墓に入るのか、たとえば長男しか先祖代々の墓に入れないとか、一度嫁に出たら（離婚しても）入れないとかそれぞれの家の考え方があります。仮に親と一緒のお墓に入ったとしてもおひとりさまの場合、そのお墓は誰が引き継ぐのでしょうか。

そう考えると、最後に眠る場所をどうするかということは、最後の大きな片づけなのかもしれません。

このほか、今は粉骨にして海や宇宙にまくという方法もあります。これは、お金があれば業者がしてくれます。海にまくというのは、昨今希望者が多いようです。

いずれにしても、元気なうちに片づけておかなければならない問題です。

## ペットの行く末を考える

モノより何よりも大事なのは、万が一の場合のペットの行く末です。老人の孤独死により多頭飼育の崩壊やペットの餓死などが話題に上がります。大事なペットのことを思うのなら、身近で信用できる人に相談してお願いしておく、動物関連の保護団体に相談しておくなどの行動は早急にしておきたいものです。

託す時用にペットのエサ、トイレ用品などの在庫は常に多めにストックし、わかりやすく収納しておきます。それからもちろん託すための費用も残しておくべきですね。

ただ、できればペットより先に逝くことは避けたいので、60歳を超えたら新たに飼わないか、保護された高齢の犬猫を引き取ることにしたほうがよいと思います。

## 延命治療など自分の最後を整理

重い症状になり、自分で意思を伝えられない時に延命治療をどうしてもらいたいのか意思確認書という書面にして、代理人や家族に渡しておくことで、希望に沿うことが可能になります。

たとえば、胃ろうや酸素をつなぐようなことになれば、その治療は断るということや自分の口から食事がとれなくなったら点滴は不要などの意思表示を残しておくというもの。

これは、家族や身内がいても、自分の意思があるのなら、口頭で伝えず正式に残しておかなければなりません。

最後の最後を病院で過ごすのか、自宅で看取ってもらうのか（身内じゃなくても可能）、療養所のようなところへ移るのか。そういった希望も年に1回ほど考える時間を作って、毎年心の中の想いを整理して、更新するといいでしょう。

こういった最後の自分の望みというものを残すのが、エンディングノート的なものの役割でもあります。お金のことなども大事ですが、人間の尊厳として最後をどうするかということ。

身内がいる方なら、できれば、親やおひとりさまの兄弟姉妹にも確認しておきたいものです。

# 残りの人生は何があると嬉しいと思えますか

## 「道具」か「愛着」か

こうして見ると天寿を全うするためには、多くの整理課題があります。やらねばならないことが山のように。そう考えたらサッサとモノの整理はしておかねばならないことがわかりますね。

お墓のことやネットの情報整理に比べたらモノの片づけなんて簡単です。どんどん手放していけばいいのですから。ゴミに出すか、売却するか、譲るかを決めて、整理していくだけ。

ほとんどのモノは「暮らしの道具」です。いつも使い慣れている、使いやすい道具さえあれば暮らしは成り立ちます。

その道具に「感情」や「欲」を加えてしまうから、ややこしいことになってしまうのです。多分、多くの場合は「欲」（もったいないとか高かったとか）が占めているのでしょう。

そんな「欲」や「過去を振り返ること」は、老後になんの役にも立たないどころか邪魔になるだけです。

どうでもいいモノに囲まれて、ずっと心に何か不足感を抱えたまま暮らす人生にならないようにしてください。

# 家事の優先順位を少しだけ上げてみる

## 「モノ」より「時間」

セカンドライフは、モノを使うよりも活きた時間の使い方重視にしたいので、若い頃と違い、使うモノの数は少なくて十分なはず。

仕事を辞め、完全なセカンドライフに入った方を見ていると社交的なタイプの人は日々出かけて忙しく、そうではない方は自宅にいることが多いようです。自宅にいることが多い場合、1日の時間を持て余す感じのシニアもいらっしゃいます。働かなくなると自分で時間を管理しなくてはなりません。ついダラダラとテレビを観るような1日を過ごせば家の中は雑然としてくるでしょう。

高齢者のお宅でもスッキリとキレイにされているところがありますが、総じて雑多な状態で暮らしている高齢者は多く、実家の片づけ問題でもわかるようにモノが少ない状態で暮らしている高齢者は少なめです。

散らかっている方の日常を伺うと、家事の優先順位が低く、テレビを観る時間の優先順位が高いのです。掃除をしなくても死なないから「明日にしよう」と毎日思う。常に先送りです。

そして、テレビの前から動かないのでテーブルの上と自分が座っている周りはモノだらけです。人もそんなに訪れない、片づけなくても困らないといった状況。これは、高齢者だけではなく、我々世代にもおおいに当てはまります。

ですから、今のうちにきれいにする習慣を落とし込んでおきたいもの。

## 「老後には片づけられる」は幻

老後は時間ができるから、片づけられる・掃除ができると思ったら大間違いです。日常の暮らしというものは習慣ですから、現状で休みの日にダラダラ過ごしているという人は、退職後も同じような日常が続く可能性が高いのです。

家事をきっちり行うと運動や、頭の老化防止になりますし、メンタルにもよいため今から少しでも片づけや掃除を日々決まった時間に行う鍛錬をしてください。

前述のモノだらけの方とは逆に、住まいをキレイにされ、朝から就寝まで家のことを適宜きっちりされて過ごしている高齢の方ももちろんいます。

そういった方は、テレビはもちろん観ますが「ながら観」（つけっぱなし）をしていません。たとえば、10時と15時のお茶（おやつ）タイムはテレビをつける。ニュースや天気予報、好きなドラマの時間は観るけれど他の時間は消しているといったようにメリハリをきちんとつけています。

ひとり暮らしで誰に見られるわけではないけれど、食事は丁寧に作る。メニューはほぼ固定化しているものの、自分の食べたい物を作り、品数を多くし、下処理や出汁をとるなどのひと手間をきちんとされています。

調理後は台所を簡単に片づけてから食事をし、食事が終わればお茶をゆっくり飲んでから、後片づけに入ります。

丁寧な暮らしがルーティン化されているわけです。このような暮らしをされている高齢者の方々は、穏やかな印象があります。自分のための丁寧な暮らしは、幸福度が高いため満ち足りているのでしょう。
また、ひとり暮らしだからこそ、自分のルールで暮らしていけるストレスフリーな老後が可能なのです。

老後は長いお休みではなく、長い生活です。
今まで通勤してきた、介護をしてきた、子育てをしてきた時間がまるっと使えるのです。その時間をメリハリつけて過ごすか否かで数か月後、1年後に部屋の状態が変わってしまいます。

多くの高齢者宅に伺って、高齢になればなるほど自力で片づけることはほぼ不可能になります。そうならないためにも今から「出したら戻す」「定期的に整理をする」といった習慣を身につけておきましょう。

# 流されてきた自分を手放す

## 人生でいちばん若いのが今だから、最後の行動を起こしてみる

人生の方向性が違うなとか、このままでいいのだろうかと迷った時に思い切って進んできた道を手放すこともありだと思います。

長年勤めていた会社から出る。息苦しかった実家から離れる。パートナーと別れる。

残りの人生、まだまだあるけれど、元気で自主的に生きていけるのは十数年から30年くらい。それならば、大きな、大きな整理が自分の人生に必要になるかもしれない。必要なのは、決断することで、不要なのは、決断できない自分。

決断するもしないも、自分が選んだ道だから「あの時に」と最後に後悔しない選択と、選んだ道で良かったと思える生き方にする。

モノの整理が短期間で終えられる時は、心の切り替えがあった時。何もかもリセットしたいと思った時や今までの自分を変えたいと心底願った時など。

そして、逆に思いっきり整理した時に今までの生き方を変えようと決意できる場合もあります。モノの手放しと生き方はリンクしているのです。

## セカンドライフこそ自分らしく生きたいと思うのなら

セカンドライフを今とは絶対違う暮らし方にしたいと思うのなら、人生の在り方を見つめて、想いや考え、執着、価値観を整理することもアリでしょう。

まず手放してほしいのは、「ひとり暮らしは寂しい」とか「不安」とかいった気持ちです。時折訪れる「不安」の正体はなんですか？　確実にコレとわかるなら解決方法を考えればいいのですが、多くは漠然としているはず。

そして、老後を考える世代の多くが抱いているのは更年期がもたらす不安と今までの常識からくる不安です。

令和になった今、昭和時代の常識は不要です。「おひとりさま」は、楽しいのです。自由ですから。

たとえば退職したら、

急に思い立って旅行や温泉に行ける！

推しのライブツアーについて回れる！

一日何もしないと決めて過ごす！

パン作りを極める！

等々、誰にも気兼ねせず毎日を過ごせるのです。なんて、ストレスフリーなんでしょう！

巷《ちまた》では、定年退職をしたパートナーの3食を作るのに外出ものんびりできないという女性が多いと聞きます。

とにかく、「不安」や「孤独」という概念を捨てて、ひとりならではの「やれること」を思い浮かべましょう。

## 片づけ方のおさらい

年々物覚えが悪くなる一方で、冷蔵庫を開けると「何で冷蔵庫を開けたんだっけ?」と思うようなこともしばしば。そんな状況がどんどん増えてくるから、モノがありすぎると、余計に混乱します。だから、モノには必ず置き場所を決め、戻す時もその置き場所を必ず守る。そして、探し物に時間、労力をとられないために余計なモノを持たない。これしかありません。ということで、第1章からのおさらいで、今日からやるべきことを順に説明していきます。

①これからのロードマップを考える。暮らし方や人生の方向性、終の棲家のイメージがないと残すモノ、必要なモノが見えてこないから、整理が進まないため。

②①が決まったら、それに向けて必要なモノを決める。

③現状の住まいに対してモノの配置図を作る。

④配置図を元に少しずつ整理を始め、仕分けて残すモノ・必要なモノを配置図で決めた場所にしまう。決めた場所に入らない場合は、元からあったモノを整理、仕分ける。それでも入らない場合は、入るように減らす。

⑤不要になったモノはすぐに捨てるか、売るなら即行動すること。行動に移すことが1週間以内にできなければ処分。

⑥すべてのモノが配置図通りに収まったら、その場所での収納を考える。収納スペースのサイズとしまうモノのサイズを測って、出し入れがラクな収納品を購入する。

年間スケジュールと月間のやることリストを書きながら、早速始めましょう。

# おわりに

「立つ鳥跡を濁さず」という言葉があるように、最後はできるだけキレイに、手間をかけさせずに逝きたいと思っている人も少なくありません。

モノだらけでぐちゃぐちゃな状態で逝くことは、残された人たちに不快な思いをさせ、労力をかけさせるだけになります。

たまに「自分の逝去後のことは知らない」と言って片づける気ゼロの人もいます。人それぞれの考え方でしょうが、この本を手にとった読者の皆さんは、残った身内や他人に迷惑をかけたくないと思っているのではないでしょうか。

しかし、そうは思っても日々の仕事や家事などに追われ、自分の老後のことは後回しに。気づいたら大きな病気になっていた、70歳を過ぎていた、なんてことにもなりかねません。

でも、この本を読んだことが、「そろそろ始めましょうか」の合図なのでしょう。早速、計画を立てて、実行し始めてください。読んで終わりでは、本当に老後がやってきたら間に合いません。

セカンドライフっていうくらいだから、一回全部捨てて、運を切り替えるくらいの気持ちでやってみてもいいかもしれません。家電も家具も全部新しく揃えるって決めたら、それはそれで楽しそうですね。

「後片づけ」という言葉は、小さい頃から言われてきた身近な言葉ではないでしょうか。そして、モノを日々片づけてきた人も、片づけてこなかった人もいると思います。でも、人生には「自分」という大きな大きな後始末が残っています。

すべての人に、それぞれの人生があります。あなたは最後に何を片づけるのでしょうか。モノなのか、人なのか、コトなのか、財産なのか、わだかまりなのか。

片づけるとは、モノの整理整頓の意味もありますが、物事を解決するという意味や、娘が片づいた（嫁にいった）といった言い方もあります。特に娘が片づいたというのは、言い方はあまりよくないけれど、ホッとした、安堵したという感情があるのではないでしょうか。
つまり、ずっと気になっていた、部屋や人間関係の問題などが片づけば、心からホッとできますよね。

ひとつずつ片づけて、残すモノは残して、心の重荷をおろしていきましょう。

気づけばもう半世紀以上を生きています。人生はなんと早いものでしょう。小さな頃はこんなにモノがあふれるほどなかったけれど、欲しいモノを得た時は本当に嬉しかったし、幸せでした。しかし、今は何でも手に入るのに、嬉しいとか幸せとか感じることが極端に少なくなりました。
モノはないと不便だけれど、ありすぎても不便です。

地震で街が3日間停電した時に、友人知人のSNSには、冷蔵庫使えないから焼肉やります！　お気軽に！　とか、夜に星空がすごくキレイとか楽しそうな投稿が目立ちました。不便って楽しいのかもしれませんし、楽しんだもの勝ちでしょうね。

なんだかとりとめのない話になってしまいましたが、セカンドライフも楽しんだほうが絶対いいです！　そのために、ぜひ、整理と片づけを！

相変わらず、最初の原稿出しまでグダグダな私にお付き合いいただいた出版支援の糸井さん、編集の手島さん、今回もありがとうございました。早十年のお付き合いになります。３人の老後も気になるところです（笑）。

読者の皆様も最後に「楽しい人生だったな」って思えるように過ごしましょうね。

広沢　かつみ

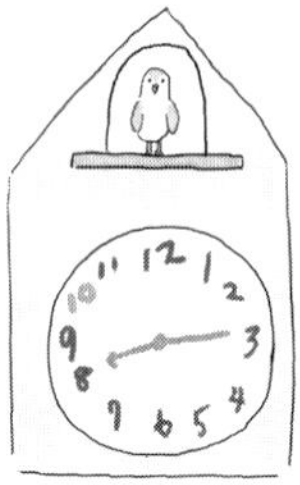

## 著者紹介

**広沢かつみ** コレモッタ㈱代表取締役。（一社）日本専門家検定協会代表理事。会社員時代に毎週末片づけていることに疑問を持ち、さらに家の中で撮影した写真の背景があまりに散らかっていることに愕然とする。汚部屋時代の経験が活きたセミナーや講演会は、「具体的でわかりやすい」と大好評。2010年に独立し、一般宅や企業の他、自治体のゴミ減量監修なども行う。『玄関から始める片づいた暮らし』ほか著書多数。本書では、自らも50代おひとりさまになったいま、老後を見据えていかに快適に、いかに自分らしく暮らすかを「片づけ」から考える。これからの人生が明るくなる1冊。


「何《なに》を残《のこ》すか」で決《き》まる おひとりさまの片《かた》づけ

2024年12月20日　第1刷

著　　者　広《ひろ》沢《さわ》かつみ

発 行 者　小澤源太郎

責任編集　株式会社 プライム涌光
電話　編集部　03(3203)2850

発 行 所　株式会社 青春出版社
東京都新宿区若松町12番1号 〒162-0056
振替番号　00190-7-98602
電話　営業部　03(3207)1916

印刷　三松堂　　製本　フォーネット社

万一、落丁、乱丁がありました節は、お取りかえします。

ISBN978-4-413-23385-9 C0077

## 中学受験は親が9割【令和最新版】

西村則康

## 仕事がうまくいく人は「人と会う前」に何を考えているのか

結果につながる心理スキル

濱田恭子

## 真面目なままで少しだけゆるく生きてみることにした

Ryota

## お母さんには言えない子どもの「本当は欲しい」がわかる本

山下エミリ

## 図説 ここが知りたかった！山の神々と修験道

鎌田東二［監修］

# 青春出版社の四六判シリーズ

## 実家の片づけ 親とモメない「話し方」

渡部亜矢

## 〈中学受験〉親子で勝ちとる最高の合格

中曽根陽子

## トヨタで学んだハイブリッド仕事術

ムダの徹底排除《スマートインプット》×成果の最大化《ベストアウトプット》を同時に実現する33のテクニック

森 琢也

## 売れる「値上げ」

選ばれる商品は値上げと同時に何をしているのか

深井賢一

## こだわりが強すぎる子どもたち

PANS《パンス》/PANDAS《パンダス》の正体

本間良子 本間龍介

お願い　ページわりの関係からここでは一部の既刊本しか掲載してありません。折り込みの出版案内もご参考にご覧ください。